Descobrir Jogos Online Grátis

Disponível Aqui:

BestActivityBooks.com/FREEGAMES

5 DICAS PARA COMEÇAR

1) CÓMO RESOLVER LAS SOPA DE LETRAS

Os puzzles têm um formato clássico:

- As palavras estão escondidas sem espaços ou hífenes,...
- Orientação: As palavras podem ser escritas para a frente, para trás, para cima, para baixo ou na diagonal (podem ser invertidas).
- As palavras podem sobrepor-se ou intersectar-se.

2) APRENDIZAGEM ACTIVA

Ao lado de cada palavra há um espaço para anotar a tradução. Para encorajar a aprendizagem activa, um **DICIONÁRIO** no final desta edição permitir-lhe-á verificar e expandir os seus conhecimentos. Procure e anote as traduções, encontre-as no puzzle e adicione-as ao seu vocabulário!

3) MARCAR AS PALAVRAS

Pode inventar o seu próprio sistema de marcação - talvez já use um? Pode também, por exemplo, marcar palavras difíceis de encontrar com uma cruz, palavras favoritas com uma estrela, palavras novas com um triângulo, palavras raras com um diamante, e assim por diante.

4) ESTRUTURANDO A APRENDIZAGEM

Esta edição oferece um **CADERNO DE NOTAS** prático no final do livro. Nas férias, em viagem ou em casa, pode facilmente organizar os seus novos conhecimentos sem a necessidade de um segundo caderno!

5) JÁ TERMINOU TODAS AS GRELHAS?

Nas últimas páginas deste livro, na secção **DESAFIO FINAL**, encontrará um jogo gratuito!

Rápido e fácil! Consulte a nossa colecção de livros de actividades para o seu próximo momento de diversão e **aprendizagem**, a apenas um clique de distância!

Encontre o seu próximo desafio em:

BestActivityBooks.com/MeuProximoLivro

Aos vossos lugares, preparem-se...Vão!

Sabia que existem cerca de 7.000 línguas diferentes no mundo? As palavras são preciosas.

Adoramos línguas e temos trabalhado arduamente para criar livros da mais alta qualidade para si. Os nossos ingredientes?

Uma selecção de tópicos adequados à aprendizagem, três boas porções de entretenimento, e depois acrescentamos uma colherada de palavras difíceis e uma pitada de palavras raras. Servimo-los com amor e máximo divertimento, para que possa resolver os melhores jogos de palavras e se divirta a aprender!

A sua opinião é essencial. Pode participar activamente no sucesso deste livro, deixando-nos um comentário. Gostaríamos de saber o que mais lhe agradou nesta edição.

Aqui está um link rápido para a sua página de encomendas:

BestBooksActivity.com/Avaliacoes50

Obrigado pela vossa ajuda e divirtam-se!

A Equipa Inteira

1 - Dirigindo

```
V V R O M U Z F D B S N V L
T E R E J V D U R E J C O I
U R R A M B P M O T O R E C
C V G K C M F Z N K G N T E
A O K A E H E B G D Y V G N
W E G A V E T N E R N I A T
D R U R I F R A L N D C N I
A R Z T X S T U U G A S G E
G K C D D G U T K T Y T E T
E G A R A G E O Q G O R R U
V E I L I G H E I D Y A C N
A B R A N D S T O F S A I N
A M O T O R F I E T S T O E
R K M R S P O L I T I E A L
```

ONGELUK	MOTORFIETS
VRACHTAUTO	MOTOR
AUTO	VOETGANGER
BRANDSTOF	GEVAAR
WEG	POLITIE
REMMEN	STRAAT
GARAGE	VEILIGHEID
GAS	VERVOER
LICENTIE	VERKEER
KAART	TUNNEL

2 - Atividades

```
S W A N D E L E N P T G A C
P C B E L A N G E N T O C T
P M H K E R A M I E K H T U
I V W I J A C H T W K E I I
M A S K L E Z E N A Z N V N
V A R I L D T E K L K G I I
P R G A H A E H C T U E T E
L D I I S J O R K Q N L E R
E I V J E P Q N I O S S I E
Z G A M E S Z T D J T P T N
I H A C N T J A N T E O X I
E E V P I Z I X C F C R E K
R I V S X C A J S T O T Z Q
H D W A U K S L D O A C Q Y
```

KUNST   GAMES
ACTIVITEIT   VRIJE TIJD
JACHT   LEZEN
WANDELEN   MAGIE
KERAMIEK   HENGELSPORT
VAARDIGHEID   SCHILDERIJ
BELANGEN   PLEZIER
TUINIEREN

3 - Churrascos

```
J W G M U E B U J T N I K U
M R K A G P E P E R X A I Q
Q Z H H M R Z O M E R U N O
K H L H C E O S V T B I D U
M U Z I E K S E U R Z T E D
U J O J Q I A A N K J N R I
F R U I T P U A P T S O E N
F F T E Z O S W D F E D N E
A H O P H E E T Q M T I C R
M O M E G G Q O K Y P G O A
I N A S Q R R K K V A I F K
L G T O L I M E S S E N Y X
I E E F K L U N C H V G Z B
E R N S A L A D E S S L R W
```

LUNCH
UITNODIGING
KINDEREN
MESSEN
FAMILIE
HONGER
KIP
FRUIT
GRILL
DINER

GAMES
GROENTE
SAUS
MUZIEK
PEPER
HEET
ZOUT
SALADES
TOMATEN
ZOMER

4 - Pesca

```
G S A V F A F V L M L B H N
W E C E O O C E A A N O X D
W I W B V I N N E N B O I M
G Z O I W A T E R D R T M O
P O L H C Q X L X Q H Q L P
A E C G N H G E D U L D A E
K N P I E I T K I E U W E N
D A O V E R D R I J V I N G
D R A K O K H U U Y D R B D
B I A K U A V F Q V H B T H
I V K A E A X Y N M B R S A
Z I S B D S C V B E V I Q A
M E K U N G A H V E G F K K
L R K S W E Q S T R A N D Q
```

WATER	AAS
VINNEN	MEER
BOOT	KAAK
KIEUWEN	OCEAAN
MAND	GEDULD
KOK	GEWICHT
OVERDRIJVING	STRAND
DRAAD	RIVIER
HAAK	SEIZOEN

5 - Geologia

```
K W A R T S H K Q C P S S F
M M Z B H X B R O O L T T O
H F T X Y I C I O N A A A S
C A L C I U M S B T T L L S
V U L K A A N T X I E A A I
Z P V L A V A A D N A C G E
W O J P R T V L P E U T M L
P M U L D F G L W N F I I D
M D N T B F E E E T T E E Z
G S S T E E N N R R Y T T C
G R O T V Z U U R Z O N E L
F U O Q I L A A G H P S N H
D H M I N E R A L E N D I R
M G I N G K O R A A L F A E
```

ZUUR	FOSSIEL
LAAG	LAVA
GROT	MINERALEN
CALCIUM	STEEN
CONTINENT	PLATEAU
KORAAL	KWARTS
KRISTALLEN	ZOUT
EROSIE	AARDBEVING
STALACTIET	VULKAAN
STALAGMIETEN	ZONE

6 - Móveis

```
B B D A U G O R D I J N E N
O U B K S C L S P I E G E L
E R A J O B I B I T Q A S R
K E N D K U S S E N D R X M
E A K Q B N G Q P D R F N G
N U P L A N K E N U E E O V
K N Q O T F A Y Q I S H H H
A F U T O N U J P M S A B Q
S W M C K N D G M A O N L G
T S K U S S E N S T I G W F
N T T A P I J T W R R M Y B
X S C O Z K U R A A M A Z X
F A U T E U I L X S Y T E Q
R N Z N V L B W Y N N H K K
```

KUSSEN	SPIEGEL
KUSSENS	BOEKENKAST
BANK	FUTON
STOEL	HANGMAT
BED	BUREAU
MATRAS	FAUTEUIL
GORDIJNEN	PLANKEN
DRESSOIR	TAPIJT

7 - Tempo

```
S  E  G  K  V  T  V  M  O  M  E  N  T  G
V  I  Y  A  P  Y  O  J  F  B  E  E  A  J
A  D  C  L  S  O  O  E  A  Q  U  N  X  T
N  R  P  E  X  N  R  N  K  A  W  B  Y  T
D  I  V  N  C  G  T  I  L  O  R  M  C  D
A  P  L  D  W  E  E  K  O  D  M  E  K  G
A  E  B  E  M  Y  I  J  K  A  A  S  K  I
G  P  U  R  M  I  D  D  A  G  A  O  T  S
N  A  C  H  T  I  N  O  B  D  N  C  H  T
F  N  K  K  E  U  B  U  B  F  D  H  U  E
O  U  K  V  N  O  R  W  U  H  I  T  U  R
D  E  C  E  N  N  I  U  M  T  O  E  R  E
W  U  F  V  Z  A  K  L  V  S  R  N  A  N
D  G  J  A  A  R  L  I  J  K  S  D  T  L
```

NU	OCHTEND
JAAR	MIDDAG
VOOR	MAAND
JAARLIJKS	MINUUT
KALENDER	MOMENT
DECENNIUM	NACHT
DAG	GISTEREN
TOEKOMST	KLOK
VANDAAG	WEEK
UUR	EEUW

8 - Astronomia

```
Z A S H V B G N M K R M R K
W S T O E V G F E D V G A V
A T R B R M H Z T V Q O K L
A R A S D R E W E B E I E A
R O L E U K K L O O H L T S
T N I R I L D X O M A A N T
E A N V S U P E R N O V A E
K U G A T D D D Z F Z J A R
R T K T E Q U I N O X O R O
A C O O R O L O N M N S D Ï
C L S R I E M T G W N N E D
H K M I N P L A N E E T E E
T P O U G A S T R O N O O M
Z O S M U N I V E R S U M Y
```

ASTEROÏDE
ASTRONAUT
ASTRONOOM
HEMEL
KOSMOS
VERDUISTERING
EQUINOX
RAKET
ZWAARTEKRACHT
MAAN

METEOOR
NEVEL
OBSERVATORIUM
PLANEET
STRALING
ZONNE
SUPERNOVA
AARDE
UNIVERSUM

9 - Circo

```
J M U Z I E K V O R M I Q G
K O S T U U M B Y Z A M O O
S M N O K S L T T Q G A E O
P H A G O N I E O K I A P C
E B A L L O N N E N E C A H
C B S H I E M T S U L R R E
T R U C F P U V C O W O A L
A D K C A S T R H Q F B D A
C I K Y N L C T O G Q A E A
U E G Z T Z P W U I O A W R
L R X Y A F U Z W Y X T U R
A E U X P E F M E C L O W N
I N E T I J G E R O H N P P
R K A A R T J E V R N V L S
```

ACROBAAT	AAP
DIEREN	MAGIE
BALLONNEN	JONGLEUR
KAARTJE	GOOCHELAAR
PARADE	MUZIEK
SNOEP	CLOWN
OLIFANT	TENT
TOESCHOUWER	TIJGER
SPECTACULAIR	KOSTUUM
LEEUW	TRUC

10 - Acampamento

```
H W Q B M K L A K E H I S I
L D M Q I J A C H T O I Q G
B Y M A A N A N C M E E O K
J K E Q V H V J O Q D J M O
K H C S Y I O C A B I N E M
A A F U D R N W Z O A S E P
A N V Y I X T S L S O J R A
R G Y N E O U T E X U T G S
T M O A R U U E O C L E Z J
A A K T E X R C P U T N O W
E T B U N B R A N D W T E M
K E O U B O M E N A C W C J
F B E R G L S E K F Z M E N
A P P A R A T U U R F O E F
```

DIEREN	BOS
AVONTUUR	BRAND
BOMEN	INSECT
KOMPAS	MEER
CABINE	MAAN
JACHT	HANGMAT
KANO	KAART
HOED	BERG
TOUW	NATUUR
APPARATUUR	TENT

11 - Emoções

```
I  O  P  G  E  W  O  N  D  E  N  O  W  D
A  N  G  S  T  U  U  S  U  Q  Z  N  O  R
R  A  H  V  R  E  U  G  D  E  G  T  E  O
L  L  C  O  C  O  V  K  L  K  U  S  D  E
S  W  M  B  U  T  M  U  G  C  B  P  E  F
Y  V  X  T  K  D  A  N  K  B  A  A  R  H
M  E  B  E  S  C  H  A  A  M  D  N  I  E
P  R  Z  D  B  H  K  L  B  J  X  N  M  I
A  V  R  E  D  E  E  A  J  Y  J  E  K  D
T  E  V  R  E  D  E  N  L  Z  W  N  M  M
H  L  U  H  R  J  Q  V  F  M  M  N  M  G
I  I  M  E  Q  U  R  F  X  C  P  D  J  L
E  N  G  I  C  U  S  L  I  E  F  D  E  H
U  G  Q  D  D  X  N  T  L  F  N  X  P  W
```

VREUGDE	WOEDE
LIEFDE	ONTSPANNEN
OPGEWONDEN	TEVREDEN
KALM	SYMPATHIE
INHOUD	TEDERHEID
BESCHAAMD	VERVELING
DANKBAAR	RUST
ANGST	DROEFHEID
VREDE	

12 - Ficção Científica

```
E  I  L  L  U  S  I  E  D  U  W  M  T  F
F  X  X  L  V  G  E  T  Y  R  D  Y  E  E
A  B  P  R  E  A  L  I  S  T  I  S  C  H
N  I  E  L  R  O  B  O  T  S  B  T  H  D
T  O  A  T  O  O  M  O  O  F  R  E  N  E
A  S  A  U  R  S  W  A  P  F  A  R  O  N
S  C  Q  T  A  L  I  W  I  P  N  I  L  K
T  O  B  O  K  I  Z  E  E  Y  D  E  O  B
I  O  O  P  E  X  T  R  E  E  M  U  G  E
S  P  E  I  L  G  F  E  M  B  C  S  I  E
C  M  K  E  Z  G  Z  L  J  X  M  M  E  L
H  V  E  H  M  X  S  D  T  W  R  T  K  D
C  F  N  D  O  R  P  L  A  N  E  E  T  I
F  U  T  U  R  I  S  T  I  S  C  H  W  G
```

ATOOM	DENKBEELDIG
BIOSCOOP	BOEKEN
VER	MYSTERIEUS
DYSTOPIE	WERELD
EXPLOSIE	ORAKEL
EXTREEM	PLANEET
FANTASTISCH	REALISTISCH
BRAND	ROBOTS
FUTURISTISCH	TECHNOLOGIE
ILLUSIE	UTOPIE

13 - Mitologia

```
V  C  K  Q  W  W  X  D  O  O  L  H  O  F
R  D  B  H  R  R  U  K  B  V  Z  F  H  B
M  I  O  M  I  A  B  B  H  E  L  D  I  N
O  D  Z  N  Q  A  Z  K  S  R  G  N  X  Z
N  L  X  K  D  K  C  U  L  T  U  U  R  E
S  C  B  E  W  E  Z  E  N  U  J  Z  G  Z
T  R  P  O  D  L  R  B  L  I  K  S  E  M
E  E  A  P  Y  E  Q  K  D  G  R  K  D  S
R  A  I  M  B  G  D  R  C  I  Q  R  R  U
D  T  R  A  P  E  Z  I  H  N  O  A  A  F
Z  I  C  N  F  N  G  J  E  G  H  C  G  L
L  E  A  E  P  D  B  G  L  E  M  H  I  J
Q  D  C  Z  W  E  V  E  D  N  C  T  M  H
M  A  G  I  S  C  H  R  R  G  Q  D  O  C
```

GEDRAG	HELD
OVERTUIGINGEN	DOOLHOF
CREATIE	LEGENDE
WEZEN	MAGISCH
CULTUUR	MONSTER
RAMP	BLIKSEM
KRACHT	DONDER
KRIJGER	WRAAK
HELDIN	

14 - Medições

```
B H C U C V X M X M J V D O
M Y G D E G K G O K B I E N
E V T I N C H E K F R Y C S
T N O E T V G L I T E R I G
E J N P I O U L G E P M E R
R A F T M L T B O L D W A W
H Y N E E U V I M E T H A I
G O L J T M Z Q E N E A L C
D F O Q E E G M T G B A H H
I G R G R A A D E T G T B T
X H E O T G M Q R E T R I Z
P V H I O E M A S S A G A S
K I L O G R A M I N U U T M
C A N G M Z W Q C S F G M I
```

HOOGTE	METER
BYTE	MINUUT
CENTIMETER	ONS
LENGTE	GEWICHT
DECIMAAL	INCH
GRAM	DIEPTE
GRAAD	KILOGRAM
BREEDTE	KILOMETER
LITER	TON
MASSA	VOLUME

15 - Plantas

```
Z  L  M  W  J  G  R  A  S  B  E  S  J  B
U  O  E  O  N  E  C  F  N  L  O  F  T  O
J  X  S  R  S  B  A  M  B  O  E  O  G  O
L  J  T  T  N  L  Y  L  F  E  I  D  M  N
Z  W  M  E  J  A  H  P  P  M  R  R  P  B
X  V  W  L  X  D  X  D  A  B  C  P  L  K
F  B  K  I  B  E  K  G  D  L  H  Z  A  G
L  O  C  O  X  R  R  L  T  A  U  I  N  B
O  S  Y  A  C  T  U  B  Y  D  X  U  T  L
R  D  A  H  C  E  I  S  T  R  U  I  K  O
A  O  F  W  F  T  D  O  F  Y  Y  S  U  E
K  L  I  M  O  P  U  T  U  I  N  H  N  M
Y  K  U  P  O  K  A  S  H  U  U  B  D  F
V  E  G  E  T  A  T  I  E  Z  H  L  E  A
```

STRUIK	FLORA
BOOM	BOS
BES	GEBLADERTE
BAMBOE	GRAS
PLANTKUNDE	KLIMOP
CACTUS	TUIN
KRUID	MOS
BOON	BLOEMBLAD
MEST	WORTEL
BLOEM	VEGETATIE

16 - Veículos

```
V H V M A R M C D Y M D A S
E E R O M C U E B A N D E N
E L A T B J Q F T D S F D K
R I C O U O D I X R C B A F
B K H R L H O E P Q O W W C
O O T R A K E T Q Z O H Q T
O P A F N Y S S H U T T L E
T T U K C S Q S L T E X T A
B E T X E A U T O R R T R X
U R O N H T L C A R A V A N
S N J J O U A Z W D V L C D
B C O G W U I X G K M O T U
D V L I E G T U I G R T O J
O N D E R Z E E Ë R X Z R H
```

AMBULANCE
VLIEGTUIG
VEERBOOT
BOOT
FIETS
VRACHTAUTO
CARAVAN
AUTO
RAKET
HELIKOPTER

VLOT
SCOOTER
METRO
MOTOR
BUS
BANDEN
ONDERZEEËR
TAXI
SHUTTLE
TRACTOR

17 - Restaurante # 2

```
H Z E C V X L V Z U Y O Z D
T E O Q I J S V D R A N K I
X F E U S C W O O I S H K N
O V H R T T F R U I T P L E
S O E P L S R K F I O L L R
H H O N E I A G R O E N T E
D O B F P T J L X D L F F B
N O E D E L S K A U U Z S Z
N W R P L J E A U D A G Z P
C A K E D H Y J C K E L W D
S P S P E C E R I J E N A N
L U N C H X S V Q B F W T W
V O O R G E R E C H T R E H
T H B N M F K B U D T Q R J
```

LUNCH	OBER
VOORGERECHT	VORK
WATER	IJS
DRANK	DINER
CAKE	GROENTE
STOEL	NOEDELS
LEPEL	VIS
HEERLIJK	ZOUT
SPECERIJEN	SALADE
FRUIT	SOEP

18 - Países #2

```
N K V D O E K R A Ï N E P F
E I I E N P A K I S T A N R
P T G N C F O Q I A U T Y A
A D R E D Z K D Y J A P A N
L J I M R O S O M A L I Ë K
I A E A U I N L I O B X G R
B M K R S E A E U Q A J Y I
A A E K L M O V S C N D S J
N I N E A L E F Y I I O E K
O C L N N A G X R S Ë L U N
N A A Z D O A Z I H A Ï T I
F B N W I S N L Ë C E X X V
S Y D V K G D K W V O N C A
W F I E R L A N D C D I K K
```

ALBANI
DENEMARKEN
FRANKRIJK
GRIEKENLAND
HAÏTI
INDONESIË
IERLAND
JAMAICA
JAPAN
LAOS

LIBANON
MEXICO
NEPAL
NIGERIA
PAKISTAN
RUSLAND
SYRIË
SOMALIË
OEKRAÏNE
OEGANDA

19 - Cozinha

```
S U U K E T E L M E S S E N
P D E O V E N N K T Q Y W M
E P X E S P O N S P O T C Y
C O H L K A Q C E V H T U R
E L E K W O Y V E G V L P P
R L I A X P M O E K R U I K
I E R S C H O R T S I I Y K
J P E T P S H K S E E Y L A
E E C O L E K E T R Z V O L
N L E H G A W N O V E U M K
K M P C W G R H K E R W P J
X Q T C G F C L J T P A T X
R S X K Y U W V E Y Y L F O
L E P E L S C L S E T E N V
```

SCHORT	VRIEZER
KETEL	VORKEN
LEPELS	KOELKAST
ETEN	GRILL
POLLEPEL	SERVET
CUP	POT
SPECERIJEN	KRUIK
SPONS	EETSTOKJES
MESSEN	RECEPT
OVEN	KOM

20 - Brinquedos

```
F  V  E  R  B  E  E  L  D  I  N  G  F  A
B  A  Q  A  L  Y  O  K  Q  X  A  Y  I  U
O  L  V  R  A  C  H  T  A  U  T  O  J  T
O  Y  F  O  V  L  I  E  G  T  U  I  G  O
T  U  W  I  R  Z  C  F  A  T  V  O  J  W
T  Y  F  O  E  I  Y  Y  M  C  D  X  S  I
C  V  E  R  F  T  E  G  E  W  R  V  F  G
B  O  E  K  E  N  S  T  S  B  U  L  I  R
A  M  B  A  C  H  T  E  N  A  M  I  H  S
B  R  N  M  T  U  J  D  A  L  S  E  F  C
M  P  O  P  W  A  L  P  E  Z  F  G  J  H
N  M  C  B  I  Z  E  T  O  K  L  E  I  A
Z  I  A  C  O  B  U  W  U  E  N  R  B  A
Q  V  A  V  Z  T  T  W  V  D  H  W  N  K
```

KLEI   AUTO
AMBACHTEN   FAVORIET
VLIEGTUIG   VERBEELDING
BOOT   GAMES
DRUMS   BOEKEN
FIETS   VLIEGER
BAL   ROBOT
POP   VERF
VRACHTAUTO   SCHAAK

21 - Verão

```
L E H K V R I E N D E N A V
T R U A O R S T E R R E N R
K V I M K Z E E U E O L O I
X A S P B L M U Z I E K I J
V B S E O Q Y C G S N F Z E
K S T R A N D L E D R K C T
P M F E S A N D A L E N P I
K Q O N T S P A N N I N G J
F A M I L I E B N R D V A D
P W N B P J Z Q O S U H M Q
U K W L M Q K D B E I L E Q
Z N G P O E T N I W K T S N
R K H L D T R O O Y E E M P
T D V A M U Y Y S P N Y N A
```

KAMPEREN   BOEKEN
VREUGDE   ZEE
VRIENDEN   DUIKEN
HUIS   MUZIEK
STERREN   STRAND
FAMILIE   ONTSPANNING
TUIN   SANDALEN
GAMES   REIS
VRIJE TIJD

22 - Material de Arte

```
P  H  T  B  L  U  B  L  M  U  B  Q  D  E
G  A  O  G  O  M  A  C  R  Y  L  R  P  A
R  G  P  U  K  R  B  W  Q  M  K  A  O  S
Z  R  V  I  T  B  S  G  W  M  V  A  T  T
W  N  M  U  E  S  C  T  A  F  E  L  L  O
J  C  J  D  J  R  K  B  E  Z  R  Q  O  E
W  A  T  E  R  L  L  O  J  L  F  E  D  L
Z  M  G  Z  Q  I  E  X  O  J  S  Z  E  Q
I  E  L  F  Q  J  U  F  G  L  F  E  N  C
H  R  Z  I  O  M  R  O  L  I  E  L  O  D
B  A  E  T  M  P  E  P  A  S  T  E  L  F
B  K  L  E  I  I  N  K  T  X  Q  S  B  M
C  R  E  A  T  I  V  I  T  E  I  T  K  A
A  Q  U  A  R  E  L  L  E  N  J  M  B  L
```

ACRYL	KLEUREN
GOM	CREATIVITEIT
AQUARELLEN	BORSTELS
KLEI	POTLODEN
WATER	TAFEL
STOEL	OLIE
HOUTSKOOL	PAPIER
EZEL	PASTEL
CAMERA	INKT
LIJM	VERF

23 - Números

```
K  V  K  F  N  V  P  D  R  I  E  E  V  V
Z  E  V  E  N  I  Z  E  S  G  R  X  E  I
E  V  I  E  R  J  D  R  Y  R  F  Y  E  J
V  E  M  C  P  F  D  T  W  E  E  T  R  F
E  M  N  U  L  D  Z  I  W  J  N  M  T  T
N  L  E  D  Z  M  I  E  H  A  O  A  I  I
T  O  G  R  E  N  I  N  L  C  A  O  E  E
I  O  E  E  S  C  T  D  B  H  U  L  N  N
E  K  N  Y  T  D  I  S  M  T  R  E  F  T
N  K  O  Q  I  I  E  M  U  M  H  B  I  U
X  B  Z  M  E  H  N  E  A  A  N  W  O  R
O  P  S  Z  N  F  L  Z  Y  A  U  R  Y  X
T  W  I  N  T  I  G  N  B  P  L  U  E  U
Z  I  K  D  D  G  A  C  H  T  T  I  E  N
```

VIJF	VEERTIEN
DECIMAAL	VIER
TIEN	VIJFTIEN
ZESTIEN	ZES
ZEVENTIEN	ZEVEN
ACHTTIEN	DERTIEN
TWEE	DRIE
TWAALF	EEN
NEGEN	TWINTIG
ACHT	NUL

24 - Ferramentas

```
Y  N  J  N  N  I  P  Y  H  P  R  D  M  U
Q  T  T  I  H  A  M  E  R  E  B  K  B  M
K  P  T  E  A  T  A  N  G  V  R  F  P  C
E  N  J  T  Y  O  Q  W  G  H  R  A  P  B
F  B  I  J  L  U  L  L  A  U  T  K  H  F
B  N  L  E  Y  W  F  W  W  Z  O  K  S  T
N  I  E  T  M  A  C  H  I  N  E  E  C  U
K  A  B  E  L  I  J  M  M  E  S  L  H  R
S  C  H  R  O  E  F  Q  X  S  L  L  E  N
T  X  W  R  S  U  K  D  L  Z  I  A  E  J
G  L  G  M  R  C  X  U  S  Y  L  D  R  G
H  X  V  I  C  H  H  W  Q  R  H  D  M  K
E  S  C  H  A  A  R  O  S  C  Q  E  E  W
W  S  Y  J  J  J  C  I  P  E  T  R  S  J
```

TANG	BIJL
KABEL	HAMER
LIJM	SCHEERMES
TOUW	SCHROEF
LADDER	SCHOP
MES	WIEL
NIETMACHINE	SCHAAR
NIETJE	FAKKEL

25 - Especiarias

```
Z O R K O R I A N D E R N P
S I M A S I J D N C N I A O
T Q L N B H R E C I J I O B
S B Z E K O M I J N J A I J
K V U E S G E M B E R S J S
K E U L V A N I L L E C Q I
A N R N O O T M U S K A A T
R K B R S A F F R A A N S I
D E Y I I O V L W W V Z Z N
E L A H T E K N O F L O O K
M B A U N T M V P D D E U N
O B F A O P E P E R W T T N
M U K Z P H G R I O Z C M S
U I S M A A K C N P C N D C
```

SAFFRAAN	UI
DROP	KORIANDER
KNOFLOOK	KOMIJN
BITTER	ZOET
ANIJS	VENKEL
ZUUR	GEMBER
VANILLE	NOOTMUSKAAT
KANEEL	PEPER
KARDEMOM	SMAAK
KERRIE	ZOUT

26 - Aniversário

```
Y  P  Q  W  B  G  E  B  O  R  E  N  D  H
K  T  V  I  G  L  C  A  K  E  L  I  E  D
C  H  V  J  E  N  I  K  A  A  R  T  E  N
X  P  T  S  S  L  H  J  G  P  A  L  C  X
D  A  G  H  C  D  K  A  L  E  N  D  E  R
K  Y  E  E  H  S  P  E  C  I  A  A  L  M
A  N  L  I  E  N  M  C  U  S  A  H  M  W
A  V  U  D  N  G  R  T  U  A  N  T  L  T
R  W  K  Y  K  I  Y  Z  L  E  R  E  N  I
S  V  K  K  U  B  T  Z  N  B  L  V  F  J
E  U  I  Z  A  J  O  N  G  J  L  N  H  D
N  A  G  R  H  A  Y  K  K  P  L  L  F  Y
I  R  K  H  N  A  V  I  E  R  I  N  G  Z
H  F  S  N  V  R  I  E  N  D  E  N  B  R
```

BLIJ	DAG
VRIENDEN	GESCHENK
JAAR	SPECIAAL
LEREN	GELUKKIG
CAKE	JONG
KALENDER	GEBOREN
LIED	WIJSHEID
KAARTEN	TIJD
VIERING	KAARSEN

27 - Casa

```
V I F S P I E G E L G Q Q S
P L A F O N D K R A A N Q J
B E Z E M S O E A Y R Q L E
I D T O E A U U I A I X S
B N B T F R C K M R G C F G
L U I J Z T H E T F E S G L
I B Z G J L E N A F I S O C
O S L E U T E L S V Z A R K
T U K T T G N D Y U O K D G
H D D U A M E U B I L A I R
E E E I P M H A A R D M J P
E M K N I D U N L A E E N S
K N B H J U C U X L R R E J
R A A M T T A K R U A L N S
```

BIBLIOTHEEK	HAARD
HEK	MEUBILAIR
SLEUTELS	MUUR
DOUCHE	DEUR
GORDIJNEN	KAMER
KEUKEN	ZOLDER
SPIEGEL	TAPIJT
GARAGE	PLAFOND
RAAM	KRAAN
TUIN	BEZEM

28 - Vegetais

```
S  S  K  R  S  M  K  E  P  P  P  T  T  S
R  A  O  L  A  C  Y  L  O  E  A  O  D  E
Q  L  M  U  V  A  E  K  M  T  D  M  R  L
O  A  K  X  X  M  P  V  P  E  D  A  C  D
L  D  O  C  Q  F  B  S  O  R  E  A  W  E
G  E  M  B  E  R  Z  B  E  S  S  T  V  R
L  Y  M  N  N  R  I  R  N  E  T  T  L  I
U  I  E  L  U  K  N  O  F  L  O  O  K  J
E  P  R  B  V  K  W  C  F  I  E  H  M  Q
I  L  A  K  R  E  G  C  V  E  L  T  S  V
H  V  D  E  R  W  T  O  W  O  R  T  E  L
W  R  I  R  F  W  J  L  S  J  A  L  O  T
Z  E  J  G  A  R  T  I  S  J  O  K  M  M
G  Q  S  P  I  N  A  Z  I  E  W  E  Z  W
```

POMPOEN	ERWT
SELDERIJ	SPINAZIE
ARTISJOK	GEMBER
KNOFLOOK	RAAP
BROCCOLI	KOMKOMMER
UI	RADIJS
WORTEL	SALADE
SJALOT	PETERSELIE
PADDESTOEL	TOMAAT

29 - Exploração

```
B E P A L I N G B J X R M O
C K A C T I V I T E I T B N
M S M B T E R R E I N Q O B
Y A J Y S Q X K B U B K P E
K Z L C M V H P G W W Y W K
J L J Y S S M O E D I W I E
T B R C D Q D W V R Q F N N
U A F G U W A R A U T B D D
N V A W I L D V R E I S I I
C Q O L O N T D E K K I N G
L E R E N T T U N R A Q G A
V E R N J H Q T R U I M T E
D I E R E N U M R E Z U P P
U I T P U T T I N G N W H V
```

DIEREN	RUIMTE
LEREN	UITPUTTING
ACTIVITEIT	OPWINDING
MOED	TAAL
CULTUREN	NIEUW
ONTDEKKING	GEVAREN
ONBEKEND	WILD
BEPALING	TERREIN
VER	REIS

30 - Balé

```
A  L  R  B  C  M  U  Z  I  E  K  N  S  M
R  R  E  A  T  O  Y  C  M  D  A  Q  I  P
T  P  P  L  E  F  M  A  U  Q  N  E  E  N
I  U  E  L  C  P  T  P  E  D  W  N  R  V
S  B  T  E  H  R  R  P  O  A  X  E  L  E
T  L  I  R  N  A  C  L  D  N  R  A  I  X
I  I  T  I  K  I  A  D  S  I  H  J  P
E  E  I  N  E  T  A  U  E  E  R  S  K  R
K  K  E  A  K  I  S  S  I  R  X  T  T  E
Y  J  X  M  X  J  C  I  I  S  M  I  G  S
S  O  L  O  R  K  E  S  T  D  E  J  E  S
I  N  T  E  N  S  I  T  E  I  T  L  K  I
J  Z  U  H  G  E  B  A  A  R  I  T  M  E
V  A  A  R  D  I  G  H  E  I  D  A  R  F
```

APPLAUS	VAARDIGHEID
ARTISTIEK	INTENSITEIT
BALLERINA	MUZIEK
COMPONIST	ORKEST
DANSERS	PRAKTIJK
REPETITIE	PUBLIEK
STIJL	RITME
EXPRESSIEF	SOLO
GEBAAR	TECHNIEK
SIERLIJK	

31 - Conservação

```
O  B  Q  Z  K  K  M  K  J  O  V  E  W  X
M  N  R  E  C  Y  C  L  E  R  E  N  A  C
G  I  D  D  H  A  J  I  Q  G  R  A  T  V
V  E  L  E  T  C  G  M  Z  A  V  T  E  E
W  V  Z  I  R  H  N  A  C  N  U  U  R  R
S  F  C  O  E  W  Z  A  M  I  I  U  H  M
F  D  B  Y  N  U  I  T  D  S  L  R  T  I
I  B  C  T  H  D  H  J  T  C  I  L  B  N
E  P  J  N  W  Y  H  D  S  H  N  I  W  D
T  L  R  J  G  R  O  E  N  X  G  J  F  E
S  M  H  H  E  O  B  U  I  R  O  K  S  R
P  E  S  T  I  C  I  D  E  D  A  C  I  E
K  Z  W  A  Q  I  H  A  B  I  T  A  T  N
E  C  O  S  Y  S  T  E  E  M  N  O  W  V
```

MILIEU
WATER
FIETS
KLIMAAT
ECOSYSTEEM
ONDERWIJS
HABITAT
NATUURLIJK

ORGANISCH
PESTICIDE
VERVUILING
RECYCLEREN
VERMINDEREN
GEZONDHEID
GROEN

32 - Adjetivos #1

```
A  C  E  B  K  Z  Z  S  U  S  S  G  H  M
D  R  N  M  E  J  W  F  T  K  E  H  H  Y
O  J  O  X  W  L  A  N  G  Z  A  A  M  S
N  K  R  M  G  X  A  I  U  J  R  K  V  T
K  Y  M  I  A  V  R  N  L  Y  B  R  O  E
E  C  T  S  I  T  D  T  G  R  O  O  T  R
R  E  D  A  Y  T  I  U  E  R  I  S  X  I
E  R  N  S  T  I  G  S  N  D  I  X  O  E
E  X  O  T  I  S  C  H  C  J  Q  J  M  U
A  R  T  I  S  T  I  E  K  H  B  M  K  S
W  M  O  D  E  R  N  P  E  R  F  E  C  T
A  B  S  O  L  U  U  T  W  R  M  N  U  R
T  Y  N  W  S  V  I  D  E  N  T  I  E  K
E  E  R  L  I  J  K  N  X  O  Z  S  U  S
```

ABSOLUUT	EERLIJK
AROMATISCH	IDENTIEK
ARTISTIEK	BELANGRIJK
ENORM	LANGZAAM
DONKER	MYSTERIEUS
EXOTISCH	MODERN
DUN	PERFECT
GUL	ZWAAR
GROOT	ERNSTIG

33 - Insetos

```
T K J M U G B L A D L U I S
E A S I O R G I W Z Q V V N
R K P E K T L B B E J D L S
M K R R E Q B E M G S U I Q
I E I O V Q W L E P C P N O
E R N H E P E O C I C A D E
T L K H R T D L R P O U E Z
N A H P D J G W A M E R R K
H K A X A Q S M P G L I H H
M X A N L Q X S Y V A E Y M
S Z N M E V C E V T R O N V
A R V H S K M W D K V N I L
N I I B I J L F H M E E C O
B I D S P R I N K H A A N S
```

BIJ

KAKKERLAK

KEVER

VLINDER

CICADE

TERMIET

MIER

SPRINKHAAN

LARVE

LIBEL

BIDSPRINKHAAN

MOT

WORM

MUG

VLO

BLADLUIS

WESP

34 - Paisagens

```
G F T U Z B K F A V E M D A
L W O E S T I J N I O H P U
E B E R G B K W Z Q V A T Y
T U N P N V U L K A A N S J
S F D Y T U A Q A R L E Z E
J C R R G O L F E I L A N D
E S A Z E E H J P V E R O T
R B Z L V G R O T I I Y M P
C M O E R A S P H E U V E L
H Z W C J I T Z C R V K E I
S C H I E R E I L A N D R S
H A I M W A T E R V A L H L
S T R A N D A I J S B E R G
T U M T L U K N L Y D I O A
```

WATERVAL	BERG
GROT	OASE
HEUVEL	OCEAAN
WOESTIJN	MOERAS
GLETSJER	SCHIEREILAND
GOLF	STRAND
IJSBERG	RIVIER
EILAND	TOENDRA
MEER	VALLEI
ZEE	VULKAAN

35 - Dança

```
R  E  P  E  T  I  T  I  E  V  O  C  S  N
L  K  M  U  Z  I  E  K  M  Q  G  U  P  S
U  Z  Y  O  H  O  U  D  I  N  G  L  R  I
G  Z  W  O  T  I  I  F  I  U  E  T  I  Z
Y  D  O  N  B  I  E  A  X  G  N  U  N  P
F  O  M  I  E  L  E  L  K  L  A  R  G  A
K  U  N  S  T  K  I  K  I  F  D  E  E  R
I  U  F  V  L  L  C  J  T  C  E  N  T
J  W  R  C  V  A  F  R  E  O  H  L  H  N
E  X  P  R  E  S  S  I  E  F  J  A  D  E
T  S  Z  W  G  S  G  T  T  A  K  F  A  R
B  O  H  A  Z  I  M  M  O  B  Z  O  K  M
B  G  G  H  B  E  W  E  G  I  N  G  L  Y
B  Q  H  G  O  K  C  U  L  T  U  U  R  N
```

BLIJ	EXPRESSIEF
KUNST	GENADE
KLASSIEK	BEWEGING
LICHAAM	MUZIEK
CULTUUR	PARTNER
CULTUREEL	HOUDING
EMOTIE	RITME
REPETITIE	SPRINGEN

36 - Nutrição

```
S  E  E  T  B  A  A  R  G  V  F  G  V  O
A  V  K  T  O  U  T  L  J  N  E  E  L  D
U  D  D  N  V  X  W  O  C  C  R  Z  O  E
S  C  A  L  O  R  I  E  Ë  N  M  O  E  V
U  R  K  N  E  R  M  N  Q  F  E  N  I  E
N  H  M  R  D  T  B  Y  E  X  N  D  S  N
J  E  I  W  I  T  T  E  N  F  T  S  T  W
G  E  Z  O  N  D  H  E  I  D  A  M  O  I
B  T  U  Y  G  E  W  I  C  H  T  A  F  C
I  L  O  T  S  D  G  K  R  G  I  A  F  H
T  U  R  C  S  F  I  W  R  G  E  K  E  T
T  S  Q  D  T  O  R  E  P  W  P  Z  N  I
E  T  K  K  O  M  G  P  E  B  M  T  G  G
R  G  G  Y  F  X  V  R  G  T  W  A  A  W
```

BITTER	SAUS
EETLUST	VOEDINGSSTOF
CALORIEËN	GEWICHT
EETBAAR	EIWITTEN
DIEET	SMAAK
EVENWICHTIG	GEZOND
FERMENTATIE	GEZONDHEID
VLOEISTOFFEN	TOXINE

37 - Disciplinas Científicas

```
F  I  D  S  M  E  C  H  A  N  I  C  A  B
A  Y  P  O  E  C  O  L  O  G  I  E  K  I
R  P  S  C  T  K  R  N  Z  V  M  Y  I  O
C  L  Y  I  E  T  L  B  D  E  M  C  N  L
H  A  C  O  O  K  T  N  S  B  U  L  E  O
E  N  H  L  R  L  O  X  L  I  N  A  S  G
O  T  O  O  O  J  O  S  G  O  O  N  I  I
L  K  L  G  L  R  I  G  G  C  L  A  O  E
O  U  O  I  O  G  M  G  I  H  O  T  L  Q
G  N  E  G  X  G  G  A  E  G  O  O  H
I  D  I  O  I  U  A  V  N  M  I  M  G  N
E  E  E  G  E  O  L  O  G  I  E  I  I  R
C  H  E  M  I  E  A  T  T  E  S  E  E  I
Q  B  V  T  A  A  L  K  U  N  D  E  E  U
```

ANATOMIE
ARCHEOLOGIE
BIOLOGIE
BIOCHEMIE
PLANTKUNDE
KINESIOLOGIE
ECOLOGIE
FYSIOLOGIE

GEOLOGIE
IMMUNOLOGIE
TAALKUNDE
MECHANICA
METEOROLOGIE
PSYCHOLOGIE
CHEMIE
SOCIOLOGIE

38 - Meditação

```
P V T M P M E D E D O G E N
E M O T I E S T I L T E D D
R W A A N V A A R D I N G A
S G T O N D E R W I J S O N
P H H O B S E R V A T I E K
E O Q H O V V L G A K M Q B
C U H M U Z I E K N O K F A
T D G E E S T R E D L T E A
I I V N J N Z E L A F U W R
E N R T J K P N N C K V C H
F G E A V A N Y T H E A F E
G E D A C H T E N T U C J I
Z H E L D E R H E I D N O D
B E W E G I N G N A T U U R
```

AANVAARDING   GEEST
WAKKER   BEWEGING
LEREN   MUZIEK
AANDACHT   NATUUR
HELDERHEID   OBSERVATIE
MEDEDOGEN   VREDE
EMOTIES   GEDACHTEN
ONDERWIJS   PERSPECTIEF
DANKBAARHEID   HOUDING
MENTAAL   STILTE

39 - Artes Visuais

```
A M E E S T E R W E R K P C
C R E A T I V I T E I T O V
S B C H V W Y Z Y Z F O T O
M C D H M A D H Z E P M L V
I X H B I S T S H L G C O E
X Y C I S T E N C I L Z O R
B A O K L Y E K R I J T D N
G H L V N D N C K G M Z S I
N P E R S P E C T I E F W S
A R T I E S T R X U F I L M
P O R T R E T D I K U Y P A
C E A N G S N D M J Z R A B
K Z N K E R A M I E K L E I
S A M E N S T E L L I N G C
```

KLEI	FILM
ARCHITECTUUR	FOTO
ARTIEST	KRIJT
PEN	POTLOOD
EZEL	MEESTERWERK
WAS	PERSPECTIEF
KERAMIEK	SCHILDERIJ
SAMENSTELLING	PORTRET
CREATIVITEIT	VERNIS
STENCIL	

40 - Instrumentos Musicais

```
K  T  I  F  L  U  I  T  M  D  Z  J  J  G
L  R  O  R  E  S  S  R  Z  C  X  M  X  I
A  O  H  N  L  R  A  O  T  W  P  O  R  T
R  M  C  A  V  Q  X  M  A  R  I  M  B  A
I  M  F  K  R  R  O  B  M  X  A  S  H  A
N  E  X  O  B  P  F  O  B  A  N  J  O  R
E  L  T  L  A  G  O  N  O  F  O  G  B  G
T  I  R  Y  H  Y  O  E  E  O  A  X  O  O
E  C  O  W  O  Q  N  V  R  C  A  G  O  N
R  X  M  A  N  D  O  L  I  N  E  N  O  G
X  P  P  C  E  L  L  O  J  O  T  I  D  T
C  S  E  N  U  F  M  Y  N  B  O  B  Y  O
R  K  T  U  Y  F  A  N  F  I  K  L  V  K
M  O  N  D  H  A  R  M  O  N  I  C  A  P
```

MANDOLINE	TAMBOERIJN
BANJO	PIANO
KLARINET	SAXOFOON
FAGOT	TROMMEL
FLUIT	TROMBONE
MONDHARMONICA	TROMPET
GONG	GITAAR
HARP	VIOOL
MARIMBA	CELLO
HOBO	

41 - Escola #1

```
Q  C  M  V  R  I  E  N  D  E  N  L  U  C
M  U  B  A  B  U  R  E  A  U  U  E  W  I
A  I  I  W  R  X  J  K  W  W  Q  R  I  J
P  A  B  Z  Y  K  L  E  L  Y  W  E  S  F
P  N  L  W  P  L  E  R  A  A  R  N  K  E
E  U  I  A  A  T  C  R  Z  P  Q  H  U  R
N  F  O  P  E  T  R  W  I  I  V  F  N  S
N  G  T  A  S  B  E  P  A  N  C  B  D  T
B  B  H  P  O  T  L  O  O  D  G  O  E  B
B  Q  E  I  D  E  A  L  F  A  B  E  T  M
P  U  E  E  O  L  U  N  C  H  C  K  N  O
C  B  K  R  K  K  X  P  E  N  N  E  N  J
E  X  A  M  E  N  S  T  O  E  L  N  Y  D
A  N  T  W  O  O  R  D  E  N  Y  C  B  C
```

ALFABET   MARKERINGEN
LUNCH   WISKUNDE
VRIENDEN   BUREAU
LEREN   CIJFERS
BIBLIOTHEEK   PAPIER
STOEL   MAPPEN
PENNEN   LERAAR
EXAMENS   QUIZ
POTLOOD   ANTWOORDEN
BOEKEN

42 - Adjetivos #2

```
N O R M A A L H P S Q Z Z T
B E G A A F D E R D B S U M
T R O T S I P E O T S B I H
D R O O G S A T D I K E V L
V F E S R T Q A U E S S E M
E Q F I K E L J C E C C R L
B L X U S R P F T B H H C O
G E E L W K D K I R W R R O
E W R G A U T H E N T I E K
Z A I O A Y Y Z F I L J A U
O S J L E N P J S E Z V T G
N B C D D M T D Y U O E I D
D F T X L D D N T W U N E Y
N A T U U R L I J K T D F P
```

AUTHENTIEK   NIEUW
CREATIEF   TROTS
BESCHRIJVEND   PRODUCTIEF
BEGAAFD   ZUIVER
ELEGANT   HEET
BEROEMD   ZOUT
STERK   GEZOND
DIK   DROOG
NATUURLIJK   WILD
NORMAAL

43 - Roupas

```
S H I R T S T P Y J A M A H
C O A X P I J N K E U L E A
H J K X X I A F A A E R D N
O F A K S P K L J N O J K D
R M V T E Z A M M S G A S S
T E Q B R N W O A S K S A C
C N M Z O U W D R C E A N H
B R O E K R I E M H T K D O
J B L O U S E A B O T W A E
O D Z K W W J K A E I S L N
S H O O U R A I N N N T E E
T O W E H P S W D V G G N N
C E X J E Q J M D C B G A Q
J D M L K S E R O B W T R C
```

SCHORT	HANDSCHOENEN
BLOUSE	SOKKEN
BROEK	MODE
SHIRT	PYJAMA
JAS	ARMBAND
HOED	ROK
RIEM	SANDALEN
KETTING	SCHOEN
JASJE	TRUI
JEANS	JURK

44 - Herbalismo

```
V L A R O M A T I S C H S K
E O A M I Z T X Q N B B A N
N R O V E S U L R T L L F O
K Q L R E M I A C B Z O F F
E B N P D N N T I J M E R L
L A S J R E D L I K C M A O
Y S M A A K L E C U Y J A O
P I H I G D P I L Q T N N K
G L D G O U V F G W B A G F
R I A C N M A R J O L E I N
O C S N R O Z E M A R I J N
E U K Y T K O R I A N D E R
N M P E T E R S E L I E Y F
M I R I N G R E D I Ë N T K
```

SAFFRAAN
ROZEMARIJN
KNOFLOOK
AROMATISCH
VOORDELIG
KORIANDER
DRAGON
BLOEM
VENKEL
INGREDIËNT

TUIN
LAVENDEL
BASILICUM
MARJOLEIN
PLANT
SMAAK
PETERSELIE
TIJM
GROEN

45 - Frutas

```
K E R S A P P E L O Q W D J
P K O K O S N O O T A P S V
N A Y Q V T X G A P M C N K
S M P E R Z I K B R A A M C
A C H A A Z F D R U I F F A
C N C L J U O V I J G S R V
I B A N A A N I K I W I A O
T W K N E A Z G O F M A M C
R B S T A V R I O G E V B A
O C A M I S U O S P B M O D
E A B A W T J E M B E S O O
N L X N E C T A R I N E S E
P T M G V F B M K G D N R F
H O H O R A N J E N S L S A
```

AVOCADO	KIWI
ANANAS	ORANJE
BRAAM	CITROEN
BES	APPEL
BANAAN	PAPAJA
KERS	MANGO
KOKOSNOOT	NECTARINE
ABRIKOOS	PEER
VIJG	PERZIK
FRAMBOOS	DRUIF

46 - Corpo Humano

```
V I N G E R H O P V A W E B
I H B E E N E K M O N D H B
B C L W K U R N Z O O E U E
K H O O F D S I U R H R I T
J I E K T J E E H A N D T
M N D P Q Y N S B O R E V F
A K I N T A E S I O T U L K
E N K E L F N U E F F S P X
M P B B E U O K B D E E S T
V U V B S D M O S A V I K V
K X V Y N N S R G W P I A D
A B P W X N J Z H B Q Y T R
A V O S C H O U D E R D J X
K T V E M M E L L E B O O G
```

MOND	OOG
HOOFD	SCHOUDER
HERSENEN	OOR
HART	HUID
ELLEBOOG	BEEN
VINGER	NEK
KNIE	KIN
KAAK	BLOED
HAND	VOORHOOFD
NEUS	ENKEL

47 - Restaurante #1

```
T H K E T E N K I P M R W V
V O E C P B E O V L E E S Y
K F E A X O I F P I S S N R
E A M T T R A F T C M E X U
U R S L J D L I Y K D R X D
K J C S H E C E H J O V Z X
E A K P I T T I G Z Z E W Q
N C P K O E S Q T W B R Q F
S E R V E T R J S B G I V C
U Q M E Z O K O G R G N K T
S C F N C G L S G O A G F R
A L L E R G I E S O O P C T
U L Q I K J X D Y D S S T N
S E R V E E R S T E R C S C
```

ALLERGIE
KOFFIE
KASSIER
VLEES
ETEN
KEUKEN
MES
KIP
SERVEERSTER

SERVET
MENU
SAUS
BROOD
PITTIG
BORD
RESERVERING
TOETJE

48 - Caminhada

```
D  L  K  P  Y  O  Z  W  A  A  R  W  G  N
I  H  A  A  U  K  P  A  R  K  E  N  I  A
E  R  L  A  M  L  G  T  W  X  I  G  D  T
R  U  A  S  R  P  A  E  B  E  R  G  S  U
E  Z  Y  X  M  Z  E  R  V  J  D  H  E  U
N  P  C  N  R  O  E  R  T  A  Y  J  N  R
Y  H  J  O  J  N  T  N  E  F  R  I  V  Q
P  D  D  O  P  O  K  I  N  N  V  E  X  Y
D  K  L  I  M  A  A  T  C  I  I  S  N  K
I  O  Z  A  O  R  I  Ë  N  T  A  T  I  E
K  L  I  F  E  S  U  Q  C  L  J  E  C  W
V  O  O  R  B  E  R  E  I  D  I  N  G  I
K  A  A  R  T  W  E  E  R  E  B  E  V  L
U  U  Q  X  K  A  F  Q  R  I  E  N  O  D
```

KAMPEREN	ORIËNTATIE
DIEREN	PARKEN
WATER	STENEN
LAARZEN	KLIF
MOE	GEVAREN
KLIMAAT	ZWAAR
GIDSEN	VOORBEREIDING
KAART	WILD
BERG	ZON
NATUUR	WEER

49 - Água

```
S  B  W  S  T  Z  D  Q  S  M  U  W  T  D
N  Z  R  T  M  K  O  Y  R  S  E  Z  J  R
E  D  K  O  K  K  U  S  I  J  S  E  R  I
E  I  X  O  M  E  C  R  V  Z  O  L  R  N
U  O  R  M  S  A  H  T  I  Z  R  D  B  K
W  C  L  R  E  G  E  N  E  Q  K  L  G  B
W  E  C  M  I  Z  K  N  R  O  A  V  O  A
I  A  N  Z  M  G  G  K  A  N  A  A  L  A
A  A  V  E  R  D  A  M  P  I  N  G  V  R
F  N  V  O  R  S  T  T  G  E  I  S  E  R
M  O  E  S  S  O  N  L  I  Z  Z  R  N  I
G  V  O  C  H  T  I  G  H  E  I  D  J  E
O  V  E  R  S  T  R  O  M  I  N  G  F  I
D  Z  K  B  U  H  X  Z  I  J  E  Q  R  P
```

KANAAL	MEER
REGEN	MOESSON
DOUCHE	SNEEUW
VERDAMPING	OCEAAN
ORKAAN	GOLVEN
VORST	DRINKBAAR
IJS	RIVIER
GEISER	VOCHTIGHEID
OVERSTROMING	STOOM
IRRIGATIE	

50 - Ecologia

```
K  D  D  O  D  U  Y  A  I  W  H  M  N  N
J  D  O  V  I  E  K  C  A  U  A  B  W  A
R  U  K  E  V  F  L  O  R  A  B  E  V  T
I  U  V  R  E  B  Y  H  C  N  I  R  E  U
F  R  A  L  R  T  U  H  A  D  T  G  G  U
A  Z  R  E  S  Y  O  B  A  R  A  E  E  R
U  A  I  V  I  Q  K  C  K  O  T  N  T  B
N  A  Ë  I  T  W  S  G  L  O  B  A  A  L
A  M  T  N  E  M  M  D  D  G  Z  K  T  B
V  W  E  G  I  S  O  O  R  T  Y  Z  I  M
Y  U  I  D  T  F  G  E  A  E  L  H  E  X
N  K  T  N  A  T  U  U  R  L  I  J  K  K
K  L  I  M  A  A  T  P  L  A  N  T  E  N
M  A  R  I  N  I  E  R  H  I  S  E  E  M
```

KLIMAAT
DIVERSITEIT
SOORT
FAUNA
FLORA
GLOBAAL
HABITAT
MARINIER
BERGEN

NATUURLIJK
NATUUR
MOERAS
PLANTEN
DROOGTE
OVERLEVING
DUURZAAM
VARIËTEIT
VEGETATIE

51 - Família

```
T Y J T J V R X T B U A J K
A G Y A E O A U W W R P G I
D K P N U O X D E E D O T N
I O G T G R L G E H Z I E D
M P C E D O O R L R W W P R
D A E H D U O O I H L I A R
Q U N Q T D M O N G U I Q R
V J V W V E P T G Z T F J I
R X P I Y R R M O E D E R K
O K L E I N Z O O N N V C S
U K I N D E R E N U E A C K
W K R D E Z B D E X E D X D
Z U S I I S Z E O T F E C Q
S S N I C H T R M A N R B H
```

VOOROUDER	BROER
GROOTMOEDER	MAN
OPA	MOEDER
KIND	KLEINZOON
KINDEREN	VADER
VROUW	VADERLIJK
DOCHTER	NICHT
TWEELING	NEEF
JEUGD	TANTE
ZUS	OOM

52 - Férias #2

```
L S T R A N D H F H O B O R
P U H W R W C Z K O V U E E
A V C B E R G E N T E I O S
S I S H S O U E T E R T V E
P S A B T T E N T L V E R R
O U X U A H X A A J O N I V
O M N L U E A L X S E L J E
R V T N R Y I V I U R A E R
T E K A A R T L E D H N T I
A E I N N Z Q P A N P D I N
T B E S T E M M I N G E J G
F O T O S Q G L M P D R D E
V A K A N T I E E Z M B N N
J V Z Z U N C C X G O O R D
```

LUCHTHAVEN
BESTEMMING
BUITENLANDER
VAKANTIE
FOTO'S
HOTEL
EILAND
VRIJE TIJD
KAART
ZEE

BERGEN
PASPOORT
STRAND
RESERVERINGEN
RESTAURANT
TAXI
TENT
VERVOER
REIS
VISUM

53 - Edifícios

```
M S K Z E G S L Y Z C S T B
U Z K Z F A B R I E K L R O
S L A B O R A T O R I U M E
E N O Z J A T O R E N R B R
U R D C K G S C H U U R B D
M G F Z I E K E N H U I S E
S U P E R M A R K T N H C R
A P P A R T E M E N T P H I
K K A S T E E L W H L X O J
T A Q E W E M D N K O C O Z
S T A D I O N M N N H T L S
M C P T H E A T E R I Y E R
O B S E R V A T O R I U M L
I P V B I O S C O O P P A L
```

APPARTEMENT	ZIEKENHUIS
KASTEEL	HOTEL
SCHUUR	LABORATORIUM
BIOSCOOP	MUSEUM
SCHOOL	OBSERVATORIUM
STADION	SUPERMARKT
BOERDERIJ	THEATER
FABRIEK	TENT
GARAGE	TOREN

54 - Praia

```
P G T B C Y Q X E D R F K T
H A N D D O E K I X I K Z W
F N R K U O I Y L M F G E F
G B L A U W P P A P M J I N
P K O M P S M Z N R U F L L
I D C J P L T A D M C D B Z
N M E V L J U N W H V D O A
K R A B M F U D S D B O O L
W B A X Z O X N I Z O N T S
C D N G I Q M J T H O K X A
I V L S J T J R B A T Y S Z
V G Z I O E L A G U N E H Y
C C U K Z Z E E C S U H U K
L L S A N D A L E N D G J R
```

ZAND	LAGUNE
BLAUW	ZEE
BOOT	OCEAAN
KRAB	RIF
KUST	SANDALEN
DOK	ZON
PARAPLU	HANDDOEK
EILAND	ZEILBOOT

55 - Ferramentas de Cozinha

```
S  A  P  C  E  N  T  R  I  F  U  G  E  X
Q  K  T  W  B  W  L  K  D  F  G  Q  G  N
N  K  E  T  E  L  V  Y  A  M  R  Q  G  I
D  G  J  B  E  Z  Y  G  K  C  I  T  G  M
K  I  R  V  K  Q  E  P  Y  F  H  H  D  V
K  V  S  K  B  K  I  V  Q  B  L  E  Q  F
H  O  O  M  P  E  M  E  S  E  Y  R  L  U
O  X  E  G  H  R  M  R  A  S  P  M  I  M
D  V  J  L  W  C  N  G  J  T  V  O  R  K
E  M  E  E  K  U  C  I  G  E  K  M  O  G
K  H  P  N  I  A  I  E  X  K  P  E  B  O
S  P  A  T  E  L  S  T  O  Z  Y  T  W  M
E  L  Q  K  C  J  Z  T  L  E  P  E  L  B
L  Q  L  D  C  G  S  C  H  A  A  R  Z  U
```

KETEL	VORK
VERGIET	KOELKAST
LEPEL	RASP
SPATEL	BESTEK
SAPCENTRIFUGE	DEKSEL
MES	THERMOMETER
KACHEL	SCHAAR
OVEN	

56 - Xadrez

```
W  I  T  K  A  M  P  I  O  E  N  B  K  A
P  K  K  O  N  I  N  G  F  B  I  L  O  O
E  P  T  F  J  S  H  P  U  N  T  E  N  J
W  P  P  F  W  S  T  R  A  T  E  G  I  E
O  T  O  E  R  N  O  O  I  J  G  W  N  D
Z  W  A  R  T  I  J  D  I  D  E  E  G  I
U  I  T  D  A  G  I  N  G  E  N  D  I  A
S  L  P  D  F  P  S  O  N  S  S  S  N  G
N  P  E  L  D  B  A  E  E  P  T  T  P  O
K  Y  E  R  D  X  M  S  N  E  A  R  N  N
N  T  K  L  E  K  W  T  S  L  N  I  Q  A
Y  O  R  A  E  N  L  Z  F  I  D  J  Y  A
P  L  G  Q  M  R  J  O  S  P  E  D  R  L
R  E  G  L  E  M  E  N  T  K  R  F  B  D
```

LEREN   PASSIEF
WIT   PUNTEN
KAMPIOEN   ZWART
WEDSTRIJD   KONINGIN
UITDAGINGEN   REGLEMENT
DIAGONAAL   KONING
STRATEGIE   OFFER
SPELER   TIJD
SPEL   TOERNOOI
TEGENSTANDER

57 - Aventura

```
V K E D Y K A X V O P A U F
B E J O A A L E R D U Y Q U
E X I L C N A V I G A T I E
S C V L T S K W E N S R U G
T U R O I V K O N A C E I E
E R E T V G D N D T H I T V
M S U G I Q H X E U O S D A
M I G K T Z W E N U O P A A
I E D F E K V M I R N L G R
N P E O I P I D X D H A I L
G M A F T S N C Y V E N N I
V O O R B E R E I D I N G J
O E G N I E U W A H D Z E K
U D O N G E W O O N J K N S
```

VREUGDE	ONGEWOON
VRIENDEN	REISPLAN
ACTIVITEIT	NATUUR
SCHOONHEID	NAVIGATIE
MOED	NIEUW
KANS	GEVAARLIJK
UITDAGINGEN	VOORBEREIDING
BESTEMMING	VEILIGHEID
EXCURSIE	

58 - Surf

```
T P D P Z E Y M F R K U W D
C M R P O C E A A N I T E X
A G O L F P G A T M H F E M
S C H U I M U G D M T B R E
Q T I A F Y S L A T L E E T
H B R R B Z K M A S T I J L
D P D A S Z R G C I I Q H N
B Y Q J N W A J J E R W W O
F T O O I D C E X T R E E M
W Y Y W H I H M E N I G T E
M S X Q U O T O C P E D W G
K A M P I O E N Y X W U L S
E T S N E L H E I D S F D N
B E G I N N E R Y E B M K C
```

ATLEET   OCEAAN
KAMPIOEN   GOLF
SCHUIM   POPULAIR
STIJL   STRAND
MAAG   BEGINNER
EXTREEM   SNELHEID
KRACHT   RIF
MENIGTE   WEER

59 - Floresta Tropical

```
G  R  T  O  E  V  L  U  C  H  T  B  I  A
B  E  E  Z  O  O  G  D  I  E  R  E  N  M
O  E  M  S  F  K  M  S  N  M  G  I  H  F
V  K  H  E  P  B  W  O  L  K  E  N  E  I
E  L  J  O  E  E  M  O  S  S  D  S  E  B
R  I  U  K  U  N  C  R  C  A  X  E  M  I
L  M  N  F  N  D  S  T  V  C  T  C  S  E
E  A  G  M  H  M  L  C  C  Y  N  T  N  Ë
V  A  L  P  A  C  Q  T  H  F  K  E  A  N
I  T  E  V  O  G  E  L  S  A  Y  N  T  C
N  B  O  T  A  N  I  S  C  H  P  B  U  E
G  R  E  S  T  A  U  R  A  T  I  E  U  M
D  I  V  E  R  S  I  T  E  I  T  J  R  Y
I  W  A  A  R  D  E  V  O  L  G  T  U  U
```

AMFIBIEËN	NATUUR
BOTANISCH	WOLKEN
KLIMAAT	VOGELS
GEMEENSCHAP	BEHOUD
DIVERSITEIT	TOEVLUCHT
SOORT	RESPECT
INHEEMS	RESTAURATIE
INSECTEN	JUNGLE
ZOOGDIEREN	OVERLEVING
MOS	WAARDEVOL

60 - Cidade

```
B I O S C O O P G N B A N K
L J Z Q A P E U A K O X J F
O H G R E L S E L I E D E O
E W H A Q K O X E R K I H H
M H A R D V C N R D H E G G
I C L Y P D H M I M A R K T
S K C X H G S O J U N E X H
T S A D I O N T S D N R E
A P O T H E E K R E E T P A
B A K K E R I J K U L U X T
W Z W N Z K J B J M B I Q E
R E S T A U R A N T N N M R
U X B I B L I O T H E E K G
S C H O O L C S J B X W W E
```

BANK   DIERENTUIN
BIBLIOTHEEK   BOEKHANDEL
BIOSCOOP   MARKT
SCHOOL   MUSEUM
STADION   BAKKERIJ
APOTHEEK   RESTAURANT
BLOEMIST   SALON
GALERIJ   THEATER
HOTEL

61 - Matemática

```
R G K N C S D R I E H O E K
E E J S E I T K T N E H S N
K O L O X V J R E O R L Y L
E M O G P E W F A M U V M V
N E O G O R D R E A B D M E
K T D H N G P E M R L V E E
U R R O E E A C C D S P T L
N I E E N L R H I I O E R H
D E C K T I A T V A M U I O
I J H E C J L H O M T A E E
G W T N S K L O L E R K A K
F R A C T I E E U T E B D L
Y X R Z H N L K M E K S O M
O H N P S G V I E R K A N T
```

REKENKUNDIG
HOEKEN
OMTREK
DECIMAAL
DIAMETER
VERGELIJKING
EXPONENT
FRACTIE
GEOMETRIE
CIJFERS

PARALLEL
LOODRECHT
VEELHOEK
VIERKANT
STRAAL
RECHTHOEK
SYMMETRIE
SOM
DRIEHOEK
VOLUME

62 - Natureza

```
M I S T W O E S T I J N H G
I E G K O I R U S T I G E E
F A K L L D L G H Q L E I B
S R B O K V Y D W A C R L L
E C W T E I L N A D X O I A
R T H R N V I T A A L S G D
E I B O S P L C W M Q I D E
E S I P O H W X G T I E O R
N C J I Q N E J T Z Y S M T
O H E S A A H O N Z W P C E
Z T N C C G L E T S J E R H
J J P H S P L R I V I E R M
D I E R E N K L W D D L T W
S C H U I L P L A A T S C C
```

BIJEN	GLETSJER
SCHUILPLAATS	MIST
DIEREN	WOLKEN
ARCTISCH	RUSTIG
SCHOONHEID	RIVIER
WOESTIJN	HEILIGDOM
DYNAMISCH	WILD
EROSIE	SEREEN
BOS	TROPISCH
GEBLADERTE	VITAAL

63 - Preencher

```
E  Q  V  V  U  C  B  Q  C  A  J  L  E  N
M  G  F  M  A  N  D  D  O  O  S  O  I  A
M  L  L  A  S  T  M  I  B  M  S  I  D  W
E  O  Z  P  A  K  J  E  N  V  E  L  O  P
R  N  P  I  O  F  F  N  B  U  I  S  T  C
X  Z  A  K  D  T  A  B  F  L  E  S  Z  B
L  C  E  M  R  P  D  L  B  I  V  A  A  S
G  S  V  T  X  E  S  A  E  L  A  D  E  Y
V  Y  Y  E  N  I  N  D  K  M  C  G  J  W
L  E  H  L  W  T  O  R  K  O  T  M  J  V
K  S  M  F  V  C  Z  L  E  S  F  I  J  L
T  L  C  D  O  Y  E  J  N  S  J  F  H  R
T  D  P  F  D  V  J  Y  T  U  Q  Z  E  F
S  T  Q  U  I  E  H  B  F  D  T  C  V  R
```

BEKKEN	FLES
EMMER	LADE
DIENBLAD	POT
VAT	KOFFER
ZAK	PAKJE
DOOS	MAP
MAND	BUIS
ENVELOP	VAAS

64 - Animais de Estimação

```
E  K  P  H  D  Q  K  K  I  V  U  G  H  S
K  L  Q  O  S  T  A  A  R  T  S  Q  A  C
R  A  X  N  C  D  T  P  C  R  P  X  M  H
A  U  T  D  J  I  B  M  U  D  F  Q  S  I
A  W  N  J  J  E  X  U  M  P  O  E  T  L
G  E  N  X  E  R  P  I  K  B  P  K  E  D
H  N  Q  A  E  E  A  S  R  A  Y  Y  R  P
H  M  T  B  U  N  P  F  J  K  O  E  U  A
W  A  T  E  R  A  E  K  O  N  I  J  N  D
Q  P  G  V  I  R  G  H  P  X  R  P  I  V
M  F  E  E  H  T  A  D  E  C  P  D  O  G
C  V  I  S  D  S  A  P  I  S  J  D  E  U
D  O  T  Q  V  I  I  G  U  Y  E  J  W  T
P  T  L  Y  A  C  S  V  N  J  Y  R  N  P
```

WATER	KAT
GEIT	HAMSTER
PUPPY	HAGEDIS
STAART	MUIS
HOND	PAPEGAAI
KONIJN	VIS
KRAAG	SCHILDPAD
KLAUWEN	KOE
KATJE	DIERENARTS

65 - Escalada

```
F K U A A J J O X I H L I Y
H A N D S C H O E N E N R K
T E R R E I N E P D Z S F A
L U I T D A G I N G E N Y A
W A A C F H O O G T E Q S R
A T A S T A B I L I T E I T
N M H R G R O T Q O D R E G
D O A E Z T S H S F M S K J
E S M A L E X E R O P I E U
L F H M R M N R Z G Y X R N
E E D E S K U N D I G E X D
N E V W N U C R B E O F G A
K R A C H T C P G S M T I V
K Z P R U G M H A T V V S C
```

HOOGTE   STABILITEIT
ATMOSFEER   SMAL
LAARZEN   FYSIEK
WANDELEN   KRACHT
HELM   GIDSEN
GROT   HANDSCHOENEN
UITDAGINGEN   KAART
DESKUNDIGE   TERREIN

66 - Aviões

```
X A W D U P O P B L A Z E N
N A V I G E R E N B D E T K
G E S C H I E D E N I S W S
S B N B L M O T O R Q C A F
L R D A F D A L I N G K T H
F A T V T P A S S A G I E R
D N N B E M A N N I N G R L
A D J D B B O U W F H B S U
Q S R J E H B S J V X S T C
F T F P Q N E A F J B D O H
H O O G T E C M X E T C F T
I F P I L O O T E J E E H E
A V O N T U U R O L R R E M
R I C H T I N G B A L L O N
```

HOOGTE
LUCHT
LANDEN
ATMOSFEER
AVONTUUR
BALLON
HEMEL
BRANDSTOF
BOUW
AFDALING

RICHTING
WATERSTOF
GESCHIEDENIS
OPBLAZEN
MOTOR
NAVIGEREN
PASSAGIER
PILOOT
BEMANNING

67 - Tipos de Cabelo

```
X  X  A  P  B  Q  F  K  V  U  U  G  C  G
E  J  J  M  U  Z  R  L  A  N  G  L  Q  O
O  X  E  X  L  W  N  H  A  A  I  I  D  L
F  Z  T  T  C  A  C  B  B  G  L  M  G  V
F  M  A  Y  K  R  U  L  L  E  N  M  R  E
V  L  E  C  H  T  E  N  F  V  U  E  J  N
Y  C  C  L  E  K  R  U  L  L  E  N  D  D
X  S  I  I  B  L  G  E  Z  O  N  D  I  A
D  P  B  L  R  Z  N  W  Z  C  P  P  K  Z
U  R  L  G  U  X  V  U  I  H  R  F  T  S
N  O  O  O  I  C  Z  I  Y  T  G  S  Q  C
Y  L  N  O  N  G  E  K  L  E  U  R  D  X
S  Q  D  X  G  R  I  J  S  N  B  N  I  X
Q  Z  Z  A  C  H  T  Z  I  L  V  E  R  I
```

WIT	LANG
GLIMMEND	BRUIN
KRULLEN	GOLVEND
KAAL	ZILVER
GRIJS	ZWART
GEKLEURD	GEZOND
KRULLEND	DROOG
DUN	ZACHT
DIK	GEVLOCHTEN
BLOND	VLECHTEN

68 - Formas

```
W I Z A V W P V C I S P K Y
L R S Y X P I I I Q U V M H
L I J N I A R E R R Z Y F K
Z V Z N V K A R K K C Y T H
V S H O E K M K E W U D G Z
P R I S M A I A L H P B H T
Q E D B E N D N G E Y M U M
A C R O O T E T F O M Z M S
M H I L V O C U R V E H T C
E T E E A P G Z A E D S G S
X H H S A V C I L I N D E R
Z O O S L H Y P E R B O O L
V E E L H O E K E G E L N U
M K K L G L D Z Q A T B V M
```

BOOG	KANT
HOEK	LIJN
CILINDER	OVAAL
CIRKEL	PIRAMIDE
KEGEL	VEELHOEK
KUBUS	PRISMA
CURVE	VIERKANT
BOL	RECHTHOEK
HYPERBOOL	DRIEHOEK

69 - Dias e Meses

```
D  F  E  B  R  U  A  R  I  J  V  E  R  V
R  E  C  F  H  O  P  U  R  N  Z  S  J  R
D  C  D  V  J  W  R  C  G  Y  N  O  O  I
B  W  C  J  M  E  I  T  I  U  V  R  F  J
G  D  A  J  Z  E  L  X  G  Y  S  L  A  D
U  C  G  M  O  K  T  O  B  E  R  T  L  A
J  U  L  I  N  J  A  N  U  A  R  I  U  G
A  U  V  D  D  E  C  E  M  B  E  R  S
A  C  N  R  A  S  E  P  T  E  M  B  E  R
R  X  B  I  G  M  A  A  N  D  A  G  Y  W
D  O  N  D  E  R  D  A  G  D  A  U  X  B
Q  Z  A  T  E  R  D  A  G  A  N  V  G  E
K  A  L  E  N  D  E  R  K  D  D  U  V  A
C  W  E  E  V  M  N  O  V  E  M  B  E  R
```

APRIL	MAAND
AUGUSTUS	NOVEMBER
JAAR	OKTOBER
KALENDER	DONDERDAG
DECEMBER	ZATERDAG
ZONDAG	MAANDAG
FEBRUARI	WEEK
JANUARI	SEPTEMBER
JULI	VRIJDAG
JUNI	

70 - Geografia

```
W  B  I  Z  I  O  C  R  L  F  F  E  N  J
E  R  H  V  E  C  O  B  W  L  A  B  O  H
S  T  A  D  S  E  N  E  D  T  Y  D  O  A
T  S  Y  E  U  A  T  R  M  X  Q  K  R  L
E  Q  H  X  X  A  I  G  E  T  U  B  D  F
N  X  G  F  D  N  N  A  T  L  A  S  E  R
D  Y  R  I  V  I  E  R  E  T  A  E  N  O
W  E  R  E  L  D  N  H  Z  I  T  N  O  N
R  E  G  I  O  A  T  O  U  E  L  T  D  D
N  F  J  F  D  Y  K  O  I  Y  L  A  R  Z
F  X  F  Z  D  E  S  G  D  S  M  Q  N  L
K  A  A  R  T  X  K  T  E  R  A  O  J  D
Q  G  G  X  W  I  S  E  N  L  V  T  O  E
B  R  E  E  D  T  E  G  R  A  A  D  H  D
```

HOOGTE	BERG
ATLAS	WERELD
STAD	NOORDEN
CONTINENT	OCEAAN
HALFROND	WESTEN
EILAND	LAND
BREEDTEGRAAD	REGIO
KAART	RIVIER
ZEE	ZUIDEN

71 - Antártica

```
T E M P E R A T U U R W E M
S C H I E R E I L A N D I I
N P D U W W E J G R M Y L N
O I H E Y A Z W L O I L A E
M N F O S T Z A E T G H N R
G G D F F E S L T S R B D A
E U V E X R K V S A A E E L
V ï I K R D J I J C T H N E
I N X T R Z Z S E H I O A N
N I N H A M O S R T E U A H
G U A I J S I E S I B D C Q
J M N T J O C N K G D A D K
G G E O G R A F I E A J A I
E X P E D I T I E D R G H I
```

OMGEVING   GEOGRAFIE
WATER   EILANDEN
BAAI   ONDERZOEKER
WALVISSEN   MIGRATIE
BEHOUD   MINERALEN
INHAM   SCHIEREILAND
EXPEDITIE   PINGUÏN
GLETSJERS   ROTSACHTIG
IJS   TEMPERATUUR

72 - Flores

```
N P B O E K E T C S M S Z O
D A Y B L O E M B L A D O R
C P R K L A V E R Y D H N C
Q A N C P O Y S Q M E I N H
T V C T I K O N W I L B E I
U E M J A S M I J N I I B D
L R M A G N O L I A E S L E
P I U Z J A Q Q I E F C O E
P M L B U J R O O S J U E Y
G H L A V E N D E L E S M C
D B S L E L I E E J S N Z W
B A M S K P I O E N R O O S
P L U M E R I A I X I I X K
P A A R D E B L O E M A Z O
```

BOEKET
PAARDEBLOEM
GARDENIA
ZONNEBLOEM
HIBISCUS
JASMIJN
LAVENDEL
LILA
LELIE
MAGNOLIA

MADELIEFJE
NARCIS
ORCHIDEE
PAPAVER
PIOENROOS
BLOEMBLAD
PLUMERIA
ROOS
KLAVER
TULP

73 - Fazenda #1

```
S Z J Q H X A K V E L D B P
L C K O R V F U O Q W H I E
S Q P H O N D D I S J F J K
D V V E T V X D H O N I N G
V A R K K A T E K O Z N B E
I G P I Z S I Z U A O P O I
H V H P J R M E S T L I L T
K S G S O S B L O T W F J K
V A R K E N T J K R A A I O
L A N D B O U W H Y T I D E
B A F F G M P G E I E W A Z
H V W R O J H Y R G R B E Q
J A F S P A A R D R O Q V Y
O O R Y C M O P H J L G V X
```

BIJ	HEK
LANDBOUW	KRAAI
RIJST	HOOI
WATER	MEST
KALF	KIP
EZEL	KAT
GEIT	HONING
VELD	VARKEN
PAARD	KUDDE
HOND	KOE

74 - Livros

```
A X C D V E R H A A L M G G
S X L I T E R A I R L R B O
X M A L N G R G E D I C H T
K L J S D A U T E U R N Z R
B R D U A L I T E I T D B O
B L A D Z I J D E L E Z E R
G E S C H R E V E N L Y M S
A V O N T U U R G W R E C E
C O N T E X T B K K O T R R
I N V E N T I E F F M D J I
L Q O C K R E L E V A N T E
H I S T O R I S C H N H G S
U E G P O Ë Z I E P I S C H
C O L L E C T I E K N D T N
```

AUTEUR
AVONTUUR
COLLECTIE
CONTEXT
DUALITEIT
GESCHREVEN
EPISCH
VERHAAL
HISTORISCH
INVENTIEF

LEZER
LITERAIR
VERTELLER
BLADZIJDE
GEDICHT
POËZIE
RELEVANT
ROMAN
SERIE

75 - Chocolate

```
J  U  U  W  F  K  K  D  X  P  B  Y  C  K
E  U  P  T  U  W  U  O  F  I  W  X  A  A
Y  T  C  M  I  A  X  W  B  N  I  A  L  R
A  O  O  C  V  L  H  N  T  D  G  F  O  A
O  K  A  R  T  I  S  A  N  A  A  L  R  M
C  A  C  A  O  T  S  U  R  S  I  M  I  E
E  F  R  U  H  E  E  R  L  I  J  K  E  L
X  A  R  O  R  I  S  E  Z  H  P  K  Ë  E
O  V  E  R  M  T  X  O  L  O  O  N  N  T
T  O  C  G  Z  A  S  U  I  K  E  R  H  E
I  R  E  T  F  B  M  Z  S  C  D  T  M  N
S  I  P  X  E  M  A  G  K  Y  E  M  O  D
C  E  T  P  Y  A  A  O  C  A  C  R  S  J  S
H  T  B  M  T  H  K  B  I  T  T  E  R  F
```

SUIKER	HEERLIJK
BITTER	ZOET
PINDA'S	EXOTISCH
AROMA	FAVORIET
ARTISANAAL	SMAAK
CACAO	POEDER
CALORIEËN	KWALITEIT
KARAMEL	RECEPT
ETEN	

76 - Profissões #2

```
B O A I L L U S T R A T O R
P I L O O T W C L S X C N V
I P J D W X K H P U S G D E
K N H E F C H I R U R G E W
P S G T T K O L U A Q L R O
H F H E A S S D N P A I Z A
K Z D C N F R E N F S N O Z
Y R O T D I H R Q B T G E T
B C Y I A L E R A A R U K U
G O G V R O X U U R O Ï E I
V N E E T S Y K R T N S R N
A E O R S O P X H S A T U M
W M E B I O L O O G U G X A
N Q H P H F U P M A T S Q N
```

BOER
ASTRONAUT
BIOLOOG
CHIRURG
TANDARTS
DETECTIVE
INGENIEUR
FILOSOOF

ILLUSTRATOR
ONDERZOEKER
TUINMAN
LINGUÏST
ARTS
PILOOT
SCHILDER
LERAAR

77 - Fazenda #2

```
T  T  B  L  M  W  M  E  L  K  F  P  P  D
R  W  B  V  O  L  J  I  M  F  G  B  M  F
A  M  O  J  X  P  L  R  T  A  R  W  E  R
C  A  O  Y  Z  Y  F  R  S  G  O  U  D  S
T  Ï  M  R  N  B  F  I  L  Q  E  E  I  H
O  S  G  L  I  I  K  G  Y  U  N  O  E  T
R  C  A  A  G  J  S  A  S  U  T  V  R  H
Y  H  A  M  E  E  P  T  D  X  E  M  E  C
P  A  R  A  R  N  W  I  E  E  N  D  N  V
L  A  D  Q  S  K  P  E  B  T  U  W  N  F
A  P  Q  W  T  O  W  Q  R  B  P  E  C  L
M  G  F  V  R  R  I  T  N  O  J  I  Y  E
B  Q  N  Y  M  F  S  E  H  E  R  D  E  R
S  C  H  U  U  R  L  O  L  R  O  E  W  N
```

BOER	RIJP
DIEREN	MAÏS
SCHUUR	SCHAAP
GERST	HERDER
BIJENKORF	EEND
LAM	BOOMGAARD
FRUIT	WEIDE
IRRIGATIE	TRACTOR
MELK	TARWE
LAMA	GROENTE

78 - Jardim

```
T  B  G  A  R  A  G  E  V  B  J  M  T  Z
V  L  B  O  O  M  E  Y  I  A  N  V  X  K
T  O  T  A  I  O  W  I  J  N  S  T  O  K
G  E  B  G  D  R  M  O  V  K  H  E  K  B
R  M  R  R  N  G  O  H  E  G  A  Z  O  N
A  V  E  R  A  N  D  A  R  J  N  U  S  S
S  D  W  X  A  S  L  A  N  G  G  V  T  X
V  B  M  Q  U  S  B  E  N  E  M  T  R  S
B  B  O  O  M  G  A  A  R  D  A  U  U  G
L  O  G  N  R  G  S  P  N  P  T  U  I  N
Y  O  D  M  D  U  T  C  H  A  R  K  K  U
L  B  D  E  V  F  V  H  H  A  M  S  O  F
H  C  V  P  M  C  X  Z  V  O  T  V  I  I
T  R  A  M  P  O  L  I  N  E  P  L  W  G
```

HARK	VIJVER
STRUIK	HANGMAT
BOOM	SLANG
BANK	SCHOP
HEK	BOOMGAARD
BLOEM	BODEM
GARAGE	TERRAS
GRAS	TRAMPOLINE
GAZON	VERANDA
TUIN	WIJNSTOK

79 - Oceano

```
K R A B M R F Y B M X B B W
W O A J O P V S B H Z O U T
A C L G E T I J D E N O F O
L T F A S K S H N W W T Z N
L O C R T C O P G V Z C P I
K P O N E T H R O U B Q O J
E U Z A R I F I A N B I S N
R S W A L V I S L A S N U W
T D O L F I J N F D L P H S
G U B K X Q K L M K P W G T
E G E T O L T H J L H A X O
A M E R B X P H P S A G D R
W D K Z J B W A X G A O S M
A L G E N R W V L C I H U Z
```

ALGEN   GETIJDEN
TONIJN   KWAL
WALVIS   OESTER
BOOT   VIS
GARNAAL   OCTOPUS
KRAB   RIF
KORAAL   ZOUT
AAL   SCHILDPAD
SPONS   STORM
DOLFIJN   HAAI

80 - Profissões #1

```
B  B  R  A  N  D  W  E  E  R  M  A  N  W
A  M  B  A  S  S  A  D  E  U  R  F  H  D
N  Q  J  H  D  W  U  G  E  O  L  O  O  G
K  J  A  M  U  V  K  F  C  Y  B  Y  D  K
I  F  G  R  O  A  O  H  O  I  D  C  A  A
E  V  P  C  I  P  C  A  O  X  R  N  S
R  H  R  M  U  Z  I  K  A  N  T  I  S  T
K  W  E  T  E  N  S  C  H  A  P  P  E  R
Q  K  M  A  T  R  O  O  S  O  T  I  R  O
C  A  R  T  O  G  R  A  A  F  J  A  B  N
J  U  W  E  L  I  E  R  M  D  I  N  J  O
T  E  D  I  T  O  R  Y  W  W  C  I  D  O
P  S  Y  C  H  O  L  O  O  G  R  S  W  M
R  J  V  E  R  P  L  E  E  G  S  T  E  R
```

ADVOCAAT   AMBASSADEUR
ASTRONOOM   VERPLEEGSTER
BANKIER   GEOLOOG
BRANDWEERMAN   JUWELIER
JAGER   MATROOS
CARTOGRAAF   MUZIKANT
WETENSCHAPPER   PIANIST
DANSER   PSYCHOLOOG
EDITOR

81 - Castelos

```
M D C Z K M X P C P D R F Z
U Y P W A F O R T R R I J K
U D U A T X F I J I A D G J
R Y E A A C V E W N A D A Y
P N D R P P I S O S K E S N
A A E D U B V E C D R R O O
A S L N L V R P M H A H L F
R T E E T K R O O N I A A H
D I O M I T O R E N A L L A
E E I J V S C N P Z Z Y D R
P R I N S E S H W E X W D N
K O N I N K R I J K Z Y G A
E E N H O O R N D E O P J S
W H M M B P U R G P X B G M
```

HARNAS	FORT
KATAPULT	RIJK
RIDDER	EDELE
PAARD	PALEIS
KROON	MUUR
DYNASTIE	PRINSES
DRAAK	PRINS
SCHILD	KONINKRIJK
ZWAARD	TOREN
FEODAAL	EENHOORN

82 - Escola # 2

```
K P G Z Q H P B J E W X W S
F A B R Y W C V C O I U O C
A P L O A E X Q O N S D O H
P I I E M Z Q M D K N R A
L E Z E N K M Z P E U L D A
E R P F Z D E A U R N I E R
R H P X O V E N T W D T N S
A L I Z N N P R E I E E B G
A L X C X O Y U R J C R O A
R T W K W R K G S S A E M
P O T L O O D Z K Q Q T K E
T B I Q R B D A Q C Y U L S
C Y P S S V U K E F C U U Q
A C A D E M I S C H K R T G
```

ACADEMISCH   LEZEN
KALENDER   LITERATUUR
COMPUTER   BOEKEN
WOORDENBOEK   WISKUNDE
ONDERWIJS   RUGZAK
GRAMMATICA   PAPIER
GAMES   LERAAR
POTLOOD   SCHAAR

83 - Abelhas

```
E D R V O I C X M K J T E S
B I J E N K O R F L K U C D
L V V O O R D E L I G I O J
O E R C H H O N I N G N S F
E R P L A N T E N W I I Y K
M S S V B Z F K A A A N S F
E I T E I O W R G U V S T K
N T U R T N M E U G C E E O
N E I C A T A N R I J C E N
L I F R T X F P E M T T M I
P T M B L O E S E M B D M N
V L E U G E L S R O O K P G
S G E D J H Q P V Z X H K I
T Y L D X G F H U R O C H N
```

VLEUGELS
VOORDELIG
WAS
BIJENKORF
DIVERSITEIT
ECOSYSTEEM
ZWERM
BLOESEM
BLOEMEN
FRUIT

ROOK
HABITAT
INSECT
TUIN
HONING
PLANTEN
STUIFMEEL
KONINGIN
ZON

84 - Banheiro

```
Z  C  M  L  B  E  L  L  E  N  T  D  X  P
E  D  K  O  H  B  N  R  S  C  S  R  Y  A
E  T  W  A  P  I  J  T  H  R  O  A  R
P  Y  K  I  Z  E  S  P  I  E  G  E  L  F
M  W  V  O  B  C  P  Z  W  V  T  D  P  U
G  H  A  N  D  D  O  E  K  F  M  M  P  M
H  P  O  Q  O  H  N  S  T  O  O  M  B  Y
E  S  Q  F  U  K  S  H  Q  A  R  W  Z  L
W  H  K  D  C  M  C  K  Q  P  D  A  C  J
B  A  D  Y  H  H  H  R  Z  S  H  T  X  V
T  M  R  S  E  G  A  A  S  Y  U  E  Z  Z
X  P  B  K  G  M  A  A  V  C  I  R  H  Q
T  O  C  J  A  H  R  N  Q  V  V  G  Q  A
L  O  D  Y  T  R  L  H  J  M  U  A  R  O
```

WATER	PARFUM
WC	ZEEP
BAD	TAPIJT
BELLEN	SCHAAR
DOUCHE	HANDDOEK
SPIEGEL	KRAAN
SPONS	STOOM
LOTION	SHAMPOO

85 - Ciência

```
C H E M I S C H T B W G P Z
N A T U U R K U N D E E B W
P L A N T E N M P M T G V A
O B S E R V A T I E E E Y A
Y R B C K O T G M T N V K R
J I G O H L U U O H S E L T
T E K A K U U A L O C N I E
F F X T N T R F E D H S M K
E O C O G I C M C E A U A R
I S F O W E S K U J P U A A
T S U M N Y M M L V P O T C
L I H Y P O T H E S E F R H
D E E L T J E S N Z R G Z T
M L Z V Q M I N E R A L E N
```

ATOOM
WETENSCHAPPER
KLIMAAT
GEGEVENS
EVOLUTIE
FEIT
NATUURKUNDE
FOSSIEL
ZWAARTEKRACHT
HYPOTHESE

METHODE
MINERALEN
MOLECULEN
NATUUR
OBSERVATIE
ORGANISME
DEELTJES
PLANTEN
CHEMISCH

86 - Cores

```
E W J X F T K G C Y A A N E
B L A U W E J E R B T E G L
Z K R B I Q T E O U V R X X
W P G H X K H L O P V W C F
M A A R O Z E C D M S J D M
A A C X I R N F Z G Q O N H
G R I A C J I U W R C L G Z
E S E P I A S C A O I D U K
N B R U I N B H R E D Q W C
T O R A N J E S T N F G A K
A P I S E G I I N T W N G S
J J D J R P G A I L Q I E N
V I C C K W E T V M S R T O
V I Q B F D L D V K G U Y W
```

GEEL   MAGENTA
BLAUW   BRUIN
BEIGE   ZWART
WIT   ROZE
CYAAN   PAARS
GRIJS   SEPIA
FUCHSIA   GROEN
ORANJE   ROOD

87 - Comida #1

```
B W W K T N U I G H A B F F
K A W O R T E L H E B I G R
F E S K S A L A D E R M J A
S S P I N A Z I E S I S O Y
K N O F L O O K T A K O T R
V W N I P I N D A P O E O A
W J B G P G C H H K O P N A
I L Y R Y B W U U Q S T I P
S U I K E R U B M E L K J H
Z K A N E E L K P Q I S N C
F O C A K E V A A R D B E I
Y L U C I T R O E N T P T A
F Y F T A Z R Q I O Z L L E
I R E L U O K S T L V A N L
```

SUIKER	SPINAZIE
KNOFLOOK	MELK
PINDA	CITROEN
TONIJN	BASILICUM
CAKE	AARDBEI
KANEEL	RAAP
UI	ZOUT
WORTEL	SALADE
GERST	SOEP
ABRIKOOS	SAP

88 - Pássaros

```
P M T Z X V F D K S P V W E
K E I Q W L N U O T A H M B
Q E L P J A F I E R P H C C
W U H I G X A F K U E W X Z
S W P N K I P N O I G C R P
I P P G R A Y Q E S A G E P
M U S U A T A M K V A F I B
G R T Ï A E B N E O I L G A
R W O N I Z K X E G N A E M
A D E L A A R D N E G M R V
G R K E T P K Z D L A I L X
Y M A K I Q A D Q V N N D R
W G N I T R H U W S S G T U
O O I E V A A R W T I O Y Z
```

STRUISVOGEL   REIGER
ADELAAR   EI
OOIEVAAR   PAPEGAAI
ZWAAN   MUS
KRAAI   EEND
KOEKOEK   PAUW
FLAMINGO   PELIKAAN
KIP   PINGUÏN
MEEUW   DUIF
GANS   TOEKAN

89 - Virtudes #1

```
Q  W  I  J  S  G  B  Q  P  F  J  X  D  A
G  S  M  Z  E  R  E  M  Z  O  B  K  M  R
O  K  D  W  Q  A  S  X  F  K  S  S  I  T
E  U  N  U  W  P  L  S  C  H  O  O  N  I
D  N  M  X  T  P  I  S  Q  H  E  P  T  S
B  Q  R  Q  D  I  S  B  O  C  F  R  E  T
B  C  B  R  I  G  S  S  F  X  F  A  L  I
Y  X  C  V  T  M  E  E  E  T  I  K  L  E
C  H  A  R  M  A  N  T  Z  D  C  T  I  K
B  Y  R  J  T  B  D  G  U  L  I  I  G  W
B  E  S  C  H  E  I  D  E  N  Ë  S  E  Z
B  E  H  U  L  P  Z  A  A  M  N  C  N  M
I  J  H  H  I  V  T  H  M  C  T  H  T  G
E  S  P  A  I  P  A  T  I  Ë  N  T  D  J
```

ARTISTIEK	INTELLIGENT
GOED	SCHOON
BESLISSEND	BESCHEIDEN
EFFICIËNT	PATIËNT
CHARMANT	PRAKTISCH
GRAPPIG	WIJS
GUL	BEHULPZAAM

90 - Literatura

```
V M Z A Y V R D Y W L M C R
M E N I N G I D R T S L O J
P T R O M A N Q I H H T N S
Z A A G J U A U T E U R C T
S F V D E R B K M M T A L I
J O C E G L M Q E A P G U J
M O K K R F I C T I E E S L
B R P G W T R J E S C D I D
A N A L Y S E I K T M I E I
G E D I C H T L J I J E Q A
A N E K D O T E L M N J X L
K B I O G R A F I E X G N O
A N A L O G I E U C R P R O
O M S C H R I J V I N G O G
```

ANALOGIE	FICTIE
ANALYSE	METAFOOR
ANEKDOTE	VERTELLER
AUTEUR	MENING
BIOGRAFIE	GEDICHT
VERGELIJKING	RIJM
CONCLUSIE	RITME
OMSCHRIJVING	ROMAN
DIALOOG	THEMA
STIJL	TRAGEDIE

91 - Clima

```
M T B L I K S E M N W U P D
G R Q R E G E N B O O G O O
O O F U I J S T G P L L L N
S P U Z H E M E L V K M A D
T I A T M O S F E E R W I E
O S O O O R C B Z W R R R
R C V R E D R D R O O G T E
M H R N S R O K L I M A A T
N M V A S O C M A O S A P H
I Q S D O O A I B A H R Y L
R C T O N G E S W I N D P S
R G D V N O P T B L A N N X
D L T T E M P E R A T U U R
U D U V J I R L Q H F W J P
```

REGENBOOG	POLAIR
ATMOSFEER	BLIKSEM
BRIES	DROOGTE
HEMEL	DROOG
KLIMAAT	TEMPERATUUR
ORKAAN	STORM
IJS	TORNADO
MOESSON	TROPISCH
MIST	DONDER
WOLK	WIND

92 - Tecnologia

```
L E T T E R T Y P E D N K C
X M E A L C U R S O R H S B
A D I G I T A A L I R V C E
G T O B L O G M V A K I C S
S E R Y I S S Z E B S R O T
S L G T L N X W I R T T M A
C O V E C C R E L O A U P N
H B F S V K J L I W T E U D
E E G T L E J S G S I E T A
R R Z K W I N Y H E S L E Y
M I A L X A M S E R T J R Y
N C N F O E R P I L I J C Z
M H D Q J I F E D P E C B G
W T O N D E R Z O E K F T U
```

BESTAND   LETTERTYPE
BLOG   BERICHT
BYTES   BROWSER
CAMERA   ONDERZOEK
COMPUTER   VEILIGHEID
CURSOR   SOFTWARE
GEGEVENS   SCHERM
DIGITAAL   VIRTUEEL
STATISTIEK

93 - Arte

```
Q  P  P  K  O  U  U  C  R  P  W  G  S  Q
S  E  O  E  R  E  I  B  V  S  U  I  A  W
U  R  R  R  I  E  T  T  P  Y  K  G  M  F
R  S  T  A  G  R  D  C  O  M  P  L  E  X
R  O  R  M  I  L  R  B  R  B  V  G  N  O
E  O  E  I  N  I  U  G  T  O  I  B  S  N
A  N  T  S  E  J  K  I  Q  O  S  P  T  D
L  L  T  C  E  K  K  Y  V  L  U  O  E  E
I  I  E  H  L  V  I  F  Q  U  E  Ë  L  R
S  J  R  W  C  H  N  Q  I  Z  E  Z  L  W
M  K  E  N  T  U  G  Y  Z  G  L  I  I  E
E  E  N  V  O  U  D  I  G  Z  U  E  N  R
C  R  E  Ë  R  E  N  L  L  C  Q  U  G  P
N  O  Y  D  H  U  M  E  U  R  H  N  R  B
```

KERAMISCH   PERSOONLIJK
COMPLEX   POËZIE
SAMENSTELLING   PORTRETTEREN
CREËREN   EENVOUDIG
UITDRUKKING   SYMBOOL
FIGUUR   ONDERWERP
EERLIJK   SURREALISME
HUMEUR   VISUEEL
ORIGINEEL

94 - Dinossauros

```
C A R N I V O O R W P K F V
S T A A R T V I C I E U Z E
P R E H I S T O R I S C H R
X N P H E R B I V O O R R D
A Y G R O O T O M N M Q E W
E A T F O S S I E L E N P I
R V R R O O F V O G E L T J
N X W D L K I E N O R M I N
T I Y B E V O L U T I E E I
S O O R T G R O O T T E L N
O F H M C C K R A C H T I G
M A M M O E T J N O B G O H
V E S O M N I V O O R R V S
V L E U G E L S F R Q X P B
```

VLEUGELS
CARNIVOOR
STAART
VERDWIJNING
ENORM
SOORT
EVOLUTIE
FOSSIELEN
GROOT
HERBIVOOR

MAMMOET
OMNIVOOR
KRACHTIG
PROOI
PREHISTORISCH
ROOFVOGEL
REPTIEL
GROOTTE
AARDE
VICIEUZE

95 - Esportes

```
B E W E G I N G Z B I N P S
G Y M N A S T I E K V S K T
Y H R B A S K E T B A L A A
M C F L X C N V E H V U M D
N J C A I U M H N I S E P I
A C G H X T B G N R M N I O
S T E A M H H W I A C J O N
I V L B V F O I S P E L E R
U G C E P N C N R J M S N N
M W O G E F K N K P N P S T
F C A L M T E A P B B E C R
O Z G J F F Y A E W A L H O
F I E T S W M R Z O S L A B
N T R A I N E R J V F M P M
```

ATLEET
BASKETBAL
HONKBAL
FIETS
KAMPIOENSCHAP
TEAM
STADION
WINNAAR
GYMNASIUM

GYMNASTIEK
GOLF
HOCKEY
SPELER
SPEL
BEWEGING
TENNIS
TRAINER

96 - Comida # 2

```
Z D H U M K V I R V X C W H
M R A C Q E A W I H U H R S
T U M B N R E A J P E O N E
C I P X R S V X S X Z C I O
Q F Y O G H U R T N I O Y N
H P A D D E S T O E L L B E
A U B E R G I N E I P A V X
A P P E L Q B X V B L D L T
M O B K I P X A D I H E Y X
A R T I S J O K N C S F Q R
N P A R I T T O M A A T L J
D W R Q N V C Y J I A Y K K
E T W B R O C C O L I N R H
L W E D F K I W I K B V V H
```

ARTISJOK   YOGHURT
AMANDEL   KIWI
RIJST   APPEL
BANAAN   EI
AUBERGINE   VIS
BROCCOLI   HAM
KERS   KAAS
CHOCOLADE   TOMAAT
PADDESTOEL   TARWE
KIP   DRUIF

97 - Barcos

```
E  J  D  N  Y  C  H  B  H  U  N  Y  M  T
T  O  U  W  P  S  X  F  O  C  E  A  A  N
B  V  F  S  M  L  W  E  J  E  U  M  T  Z
V  E  E  R  B  O  O  T  A  M  I  O  R  E
S  P  H  Y  G  X  S  C  C  E  Z  T  O  E
T  I  J  M  A  S  T  H  H  E  N  O  O  R
W  L  A  U  H  A  W  V  T  R  V  R  S  Z
S  V  D  G  P  S  R  T  R  I  V  I  E  R
G  A  P  U  P  U  A  Q  S  I  L  G  B  R
K  A  H  C  S  H  U  N  S  F  O  O  Z  J
N  A  U  T  I  S  C  H  K  G  T  L  A  C
S  U  J  W  P  R  Q  L  A  E  A  V  O  W
D  O  K  A  Y  R  A  A  N  P  R  E  M  U
Y  Z  M  J  K  I  R  D  O  L  C  N  Z  J
```

ANKER	ZEE
VEERBOOT	TIJ
BOEI	MATROOS
KAJAK	MAST
KANO	MOTOR
TOUW	NAUTISCH
DOK	OCEAAN
JACHT	GOLVEN
VLOT	RIVIER
MEER	

98 - Piratas

```
K S K W G O U D D H J L H L
S G O F L C X Q P K X I J E
T L L O T E W T G R O T L G
R P E Z W A A R D I N T S E
A M E C M A K A P I T E I N
N B U T H N N Z Q G N K P D
D P X N J T K A A R T E A E
U Y H Z T K O M P A S N P T
P N Q G I E E I L A N D E X
U Z B E M A N N I N G P G I
I H H V G N N R T E M P A K
S C H A T U E C U A W Z A G
F F X A N K E R E M K E I S
A U B R A V O N T U U R B M
```

AVONTUUR   SLECHT
ANKER   MUNTEN
KOMPAS   OCEAAN
KAPITEIN   GOUD
GROT   PAPEGAAI
LITTEKEN   GEVAAR
ZWAARD   STRAND
EILAND   RUM
LEGENDE   SCHAT
KAART   BEMANNING

99 - Mamíferos

```
O K I V P O G V T H F V Q G
I N K N Q L W O L F I R A I
A W V J F I V S R K D P Z R
B K M U F F Q Y O I O U E A
K E S C H A A P M L L H B F
A W K K O N I J N T F L R B
T P A N N T L Q G J I P A E
M A M L D Q H C Q I J W A V
C A E L V N Z N Q X N A P E
O R E E E I S H V S T I E R
I D L D S E S O C O Y O T E
J Z W S Y R U D F K N X A B
J E U O K F M W Z F M U H B
K A N G O E R O E V T D B O
```

WALVIS	GIRAF
KAMEEL	DOLFIJN
KANGOEROE	GORILLA
BEVER	LEEUW
PAARD	WOLF
HOND	AAP
KONIJN	SCHAAP
COYOTE	VOS
OLIFANT	STIER
KAT	ZEBRA

100 - Atividades e Lazer

```
H  M  S  U  R  K  U  N  S  T  R  B  K  O
X  O  S  M  E  A  I  Z  M  H  F  O  R  V
C  N  B  Z  I  M  C  W  H  E  B  K  D  O
R  T  A  B  S  P  T  E  O  N  Z  S  E  E
X  S  S  O  Y  E  E  M  N  G  O  E  S  T
I  P  C  B  M  R  N  M  K  E  O  N  U  B
W  A  H  A  Y  E  N  E  B  L  W  L  R  A
A  N  I  S  Q  N  I  N  A  S  Q  O  F  L
N  N  L  K  E  D  S  Y  L  P  Z  Y  E  E
D  E  D  E  Y  U  D  Z  C  O  V  T  N  T
E  N  E  T  U  I  N  I  E  R  E  N  X  Y
L  N  R  B  Z  K  T  Q  Y  T  Q  N  Y  P
E  Q  I  A  P  E  Y  C  E  X  W  E  S  M
N  H  J  L  T  N  Y  D  I  O  S  A  H  Q
```

KAMPEREN	TUINIEREN
KUNST	DUIKEN
BASKETBAL	ZWEMMEN
HONKBAL	HENGELSPORT
BOKSEN	SCHILDERIJ
WANDELEN	ONTSPANNEN
RACEN	SURFEN
VOETBAL	TENNIS
GOLF	REIS
HOBBY	

1 - Dirigindo

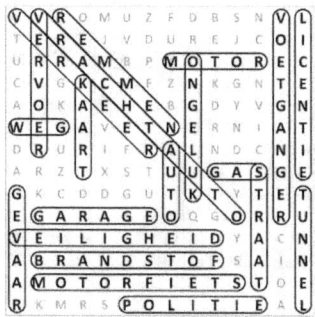

2 - Atividades

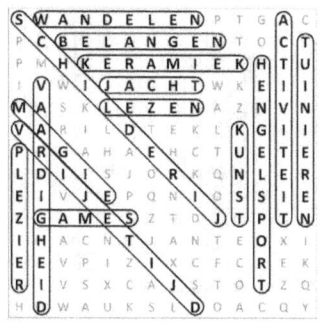

3 - Churrascos

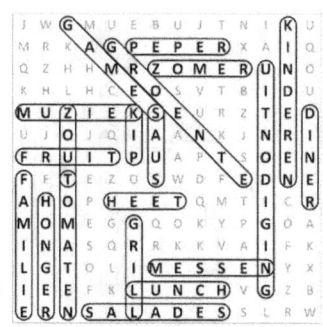

4 - Pesca

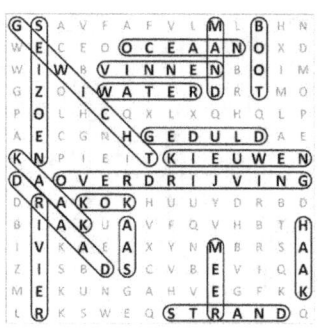

5 - Geologia

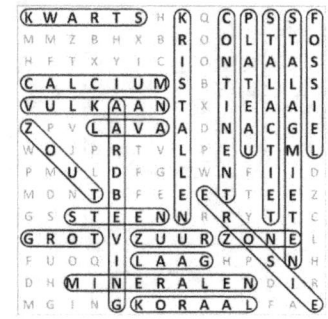

6 - Móveis

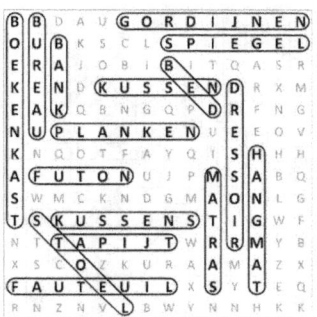

7 - Tempo

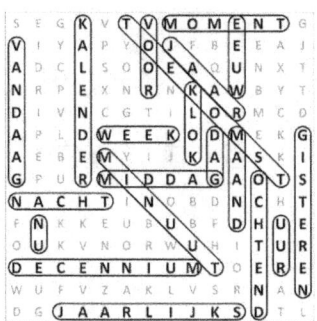

8 - Astronomia

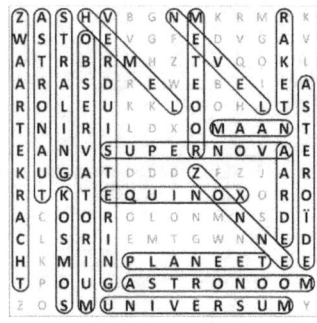

9 - Circo

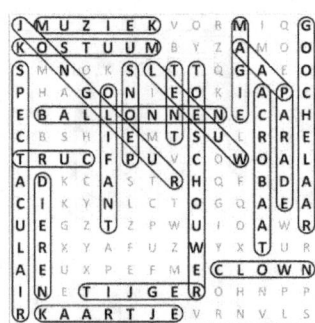

10 - Acampamento

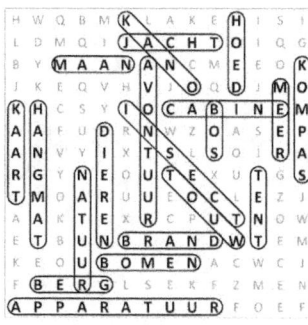

11 - Emoções

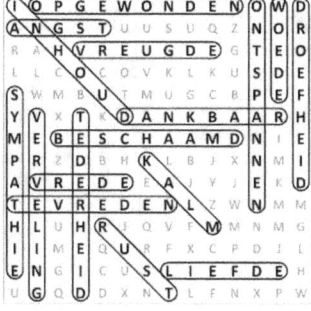

12 - Ficção Científica

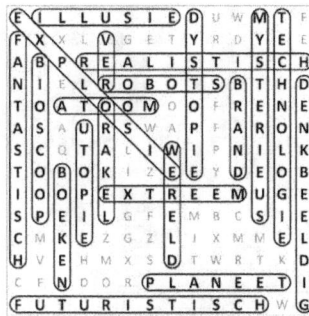

13 - Mitologia

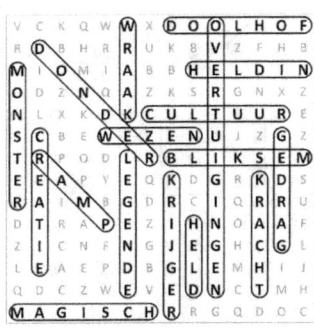

14 - Medições

15 - Plantas

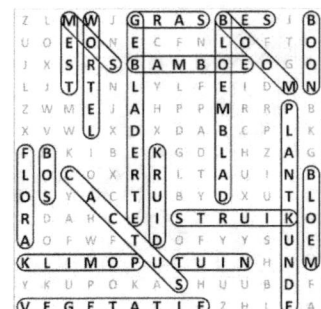

16 - Veículos

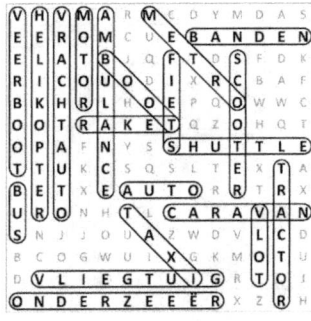

17 - Restaurante #2

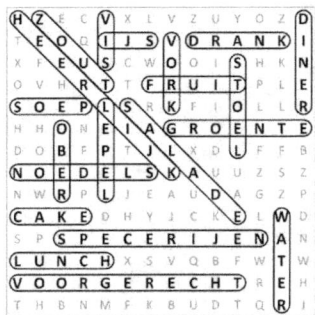

18 - Países #2

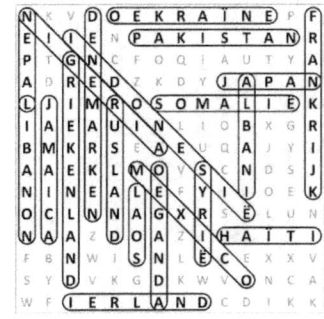

19 - Cozinha

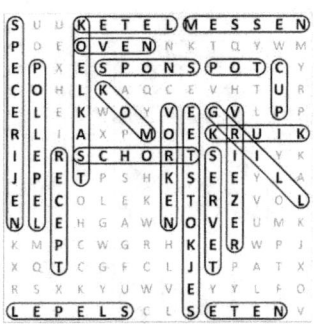

20 - Brinquedos

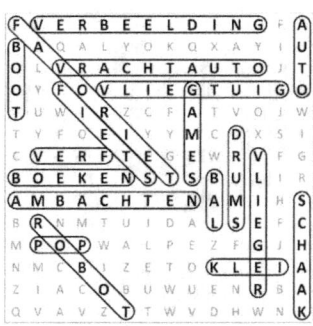

21 - Verão

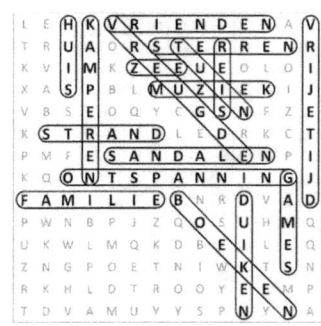

22 - Material de Arte

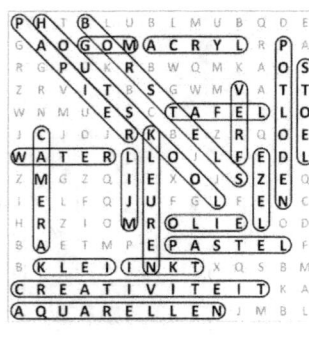

23 - Números

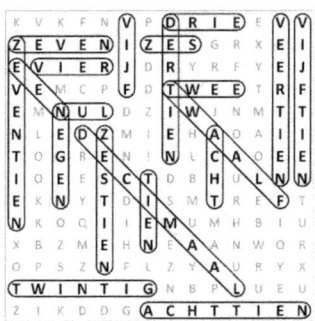

24 - Ferramentas

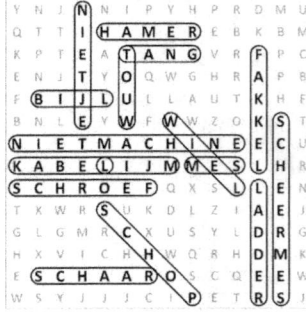

25 - Especiarias

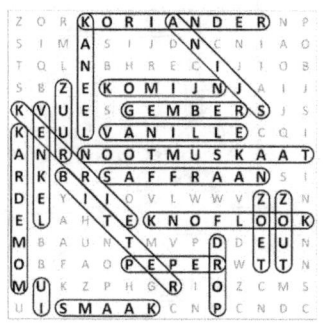

26 - Aniversário

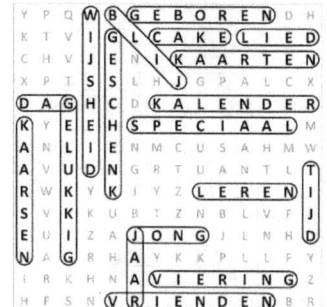

27 - Casa

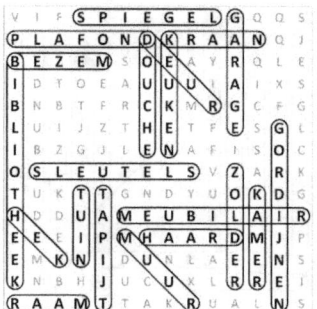

28 - Vegetais

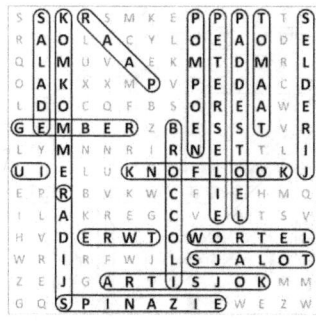

29 - Exploração

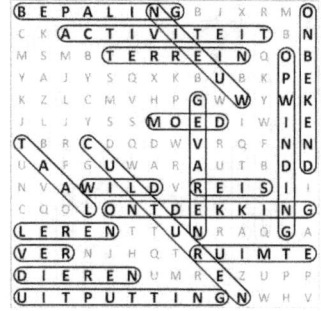

30 - Balé

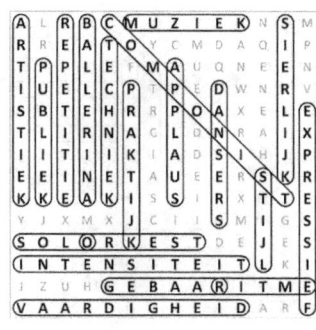

31 - Conservação

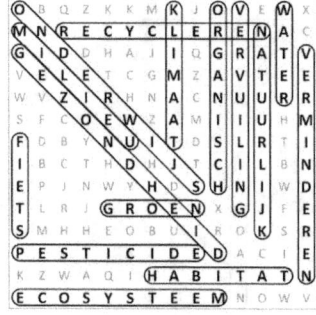

32 - Adjetivos #1

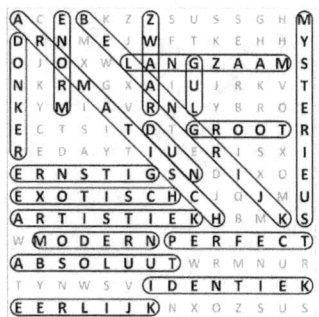

33 - Insetos

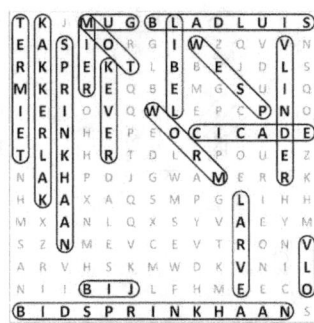

34 - Paisagens

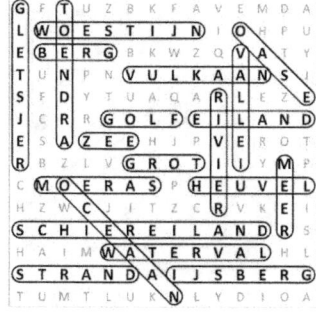

35 - Dança

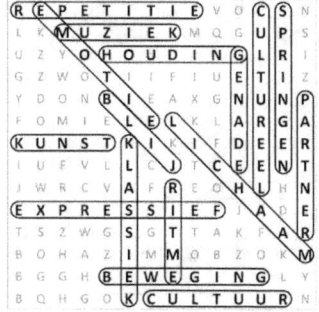

36 - Nutrição

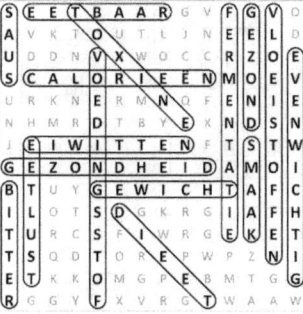

37 - Disciplinas Científicas

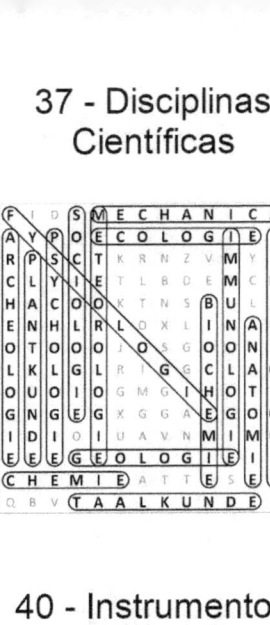

38 - Meditação

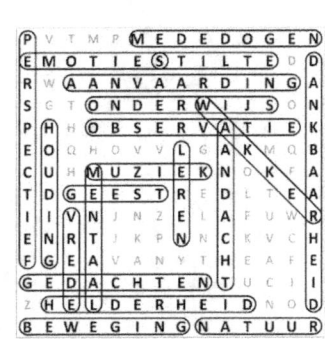

39 - Artes Visuais

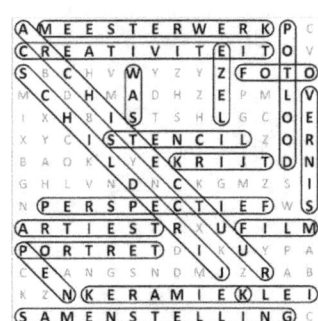

40 - Instrumentos Musicais

41 - Escola #1

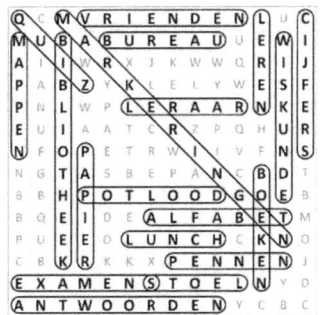

42 - Adjetivos #2

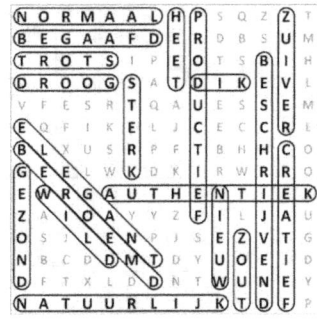

43 - Roupas

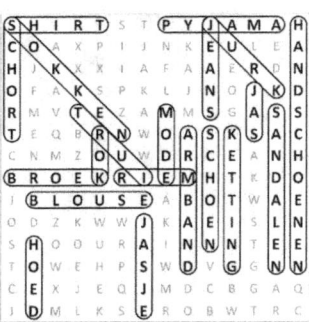

44 - Herbalismo

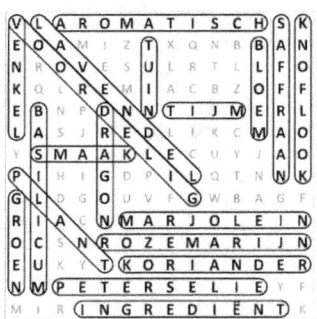

45 - Frutas

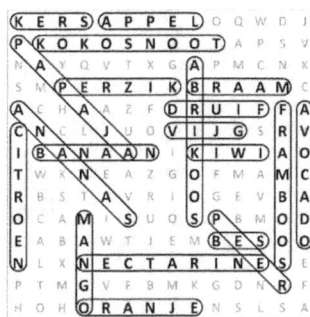

46 - Corpo Humano

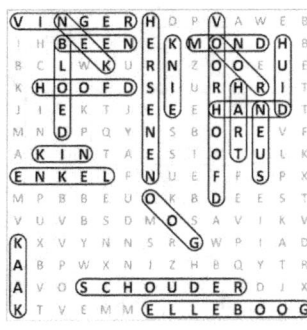

47 - Restaurante #1

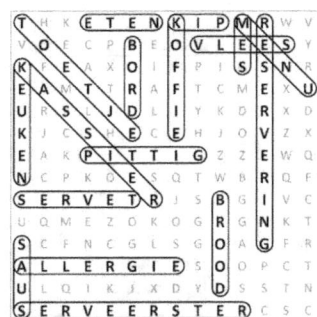

48 - Caminhada

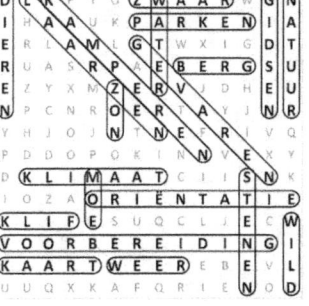

49 - Água

50 - Ecologia

51 - Família

52 - Férias #2

53 - Edifícios

54 - Praia

55 - Ferramentas de Cozinha

56 - Xadrez

57 - Aventura

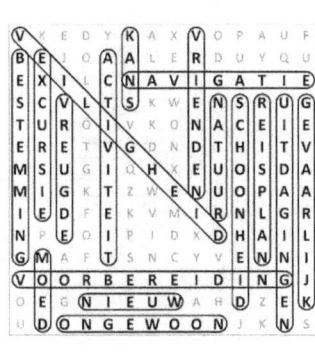

58 - Surf

59 - Floresta Tropical

60 - Cidade

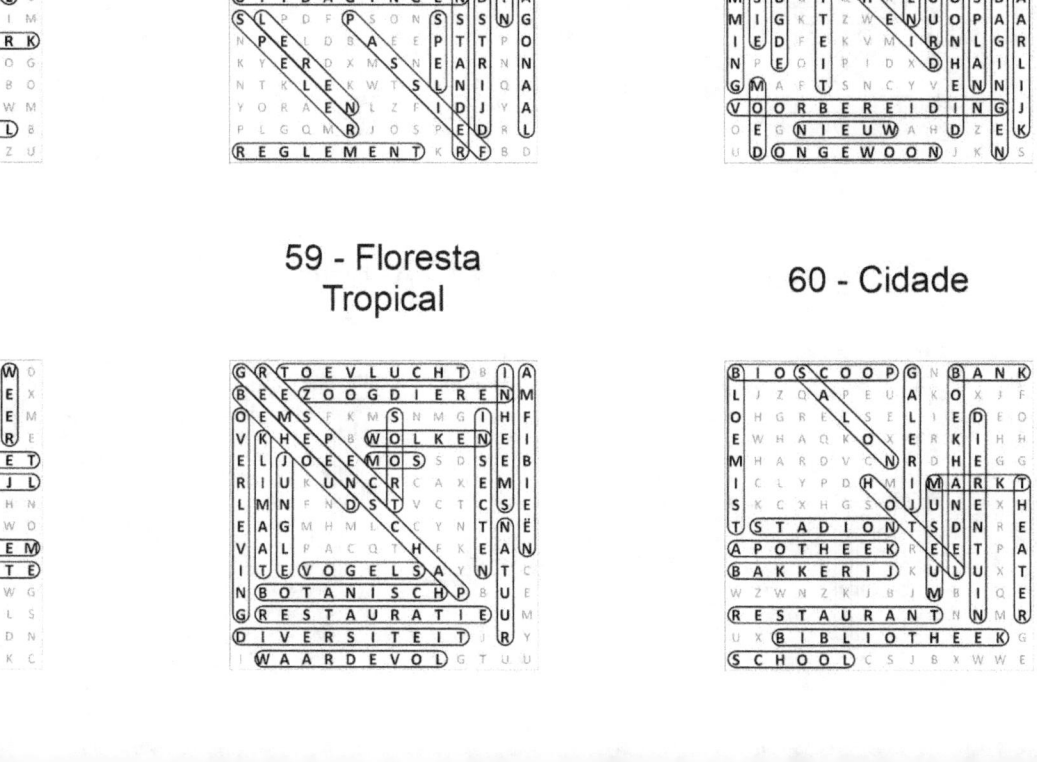

61 - Matemática

62 - Natureza

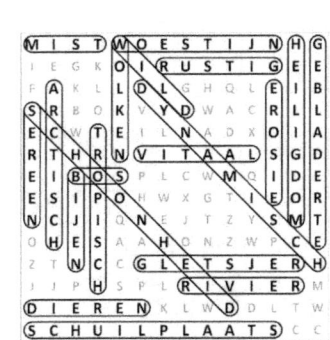

63 - Preencher

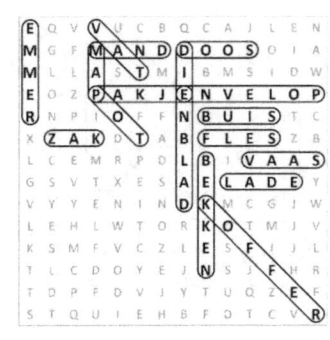

64 - Animais de Estimação

65 - Escalada

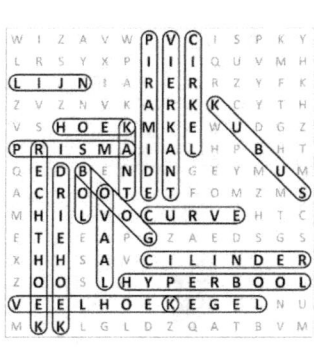

66 - Aviões

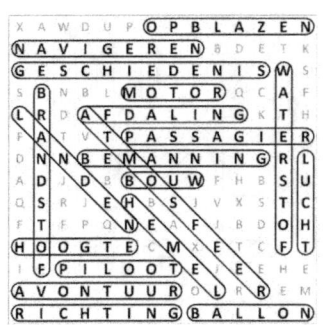

67 - Tipos de Cabelo

68 - Formas

69 - Dias e Meses

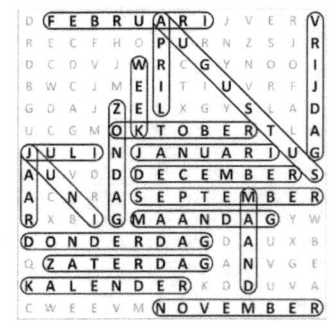

70 - Geografia

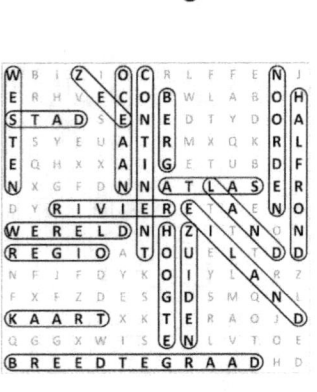

71 - Antártica

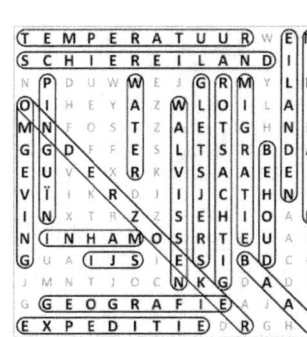

72 - Flores

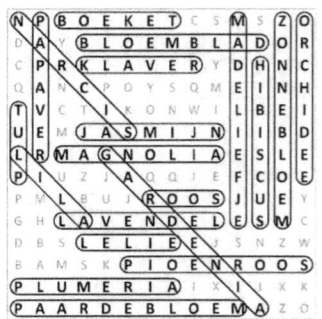

73 - Fazenda #1

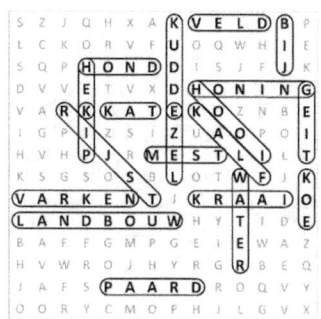

74 - Livros

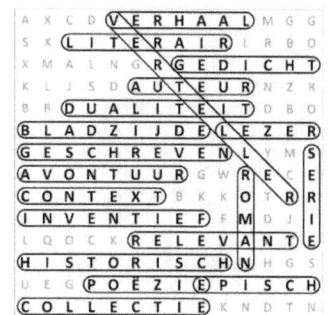

75 - Chocolate

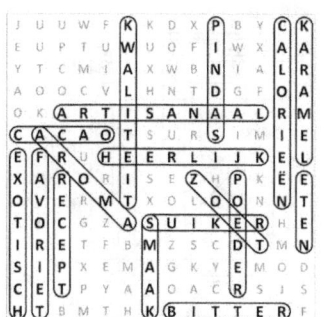

76 - Profissões #2

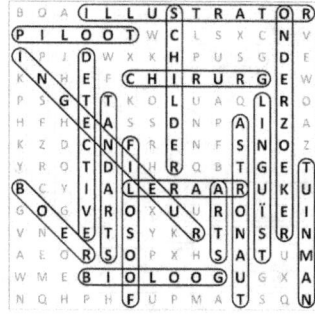

77 - Fazenda #2

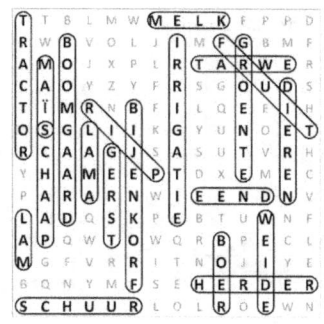

78 - Jardim

79 - Oceano

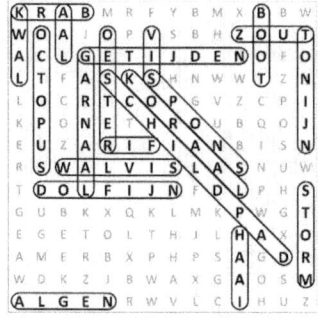

80 - Profissões #1

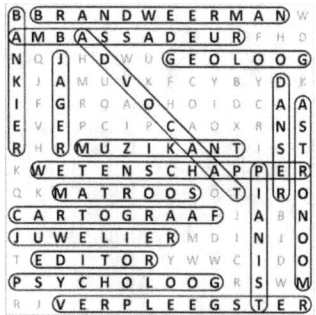

81 - Castelos

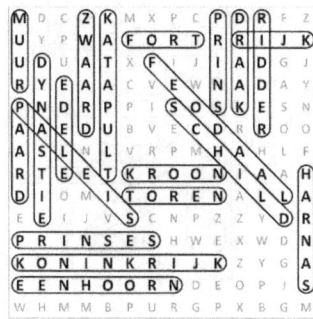

82 - Escola # 2

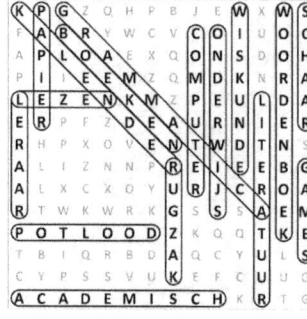

83 - Abelhas

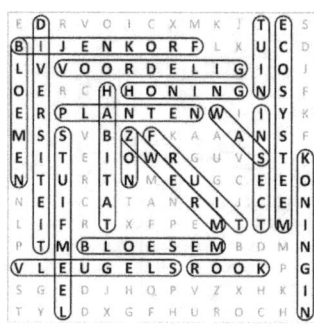

84 - Banheiro

85 - Ciência

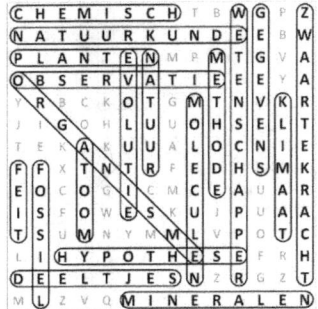

86 - Cores

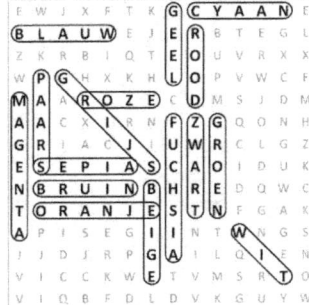

87 - Comida #1

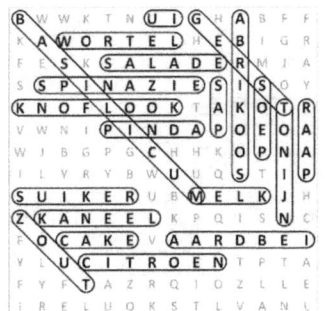

88 - Pássaros

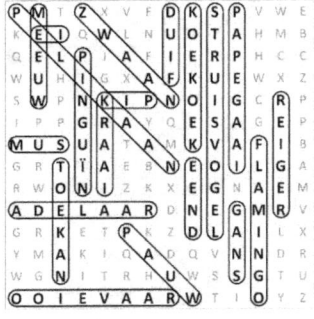

89 - Virtudes #1

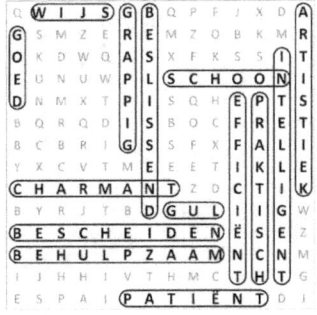

90 - Literatura

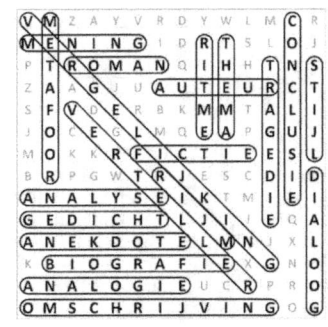

91 - Clima

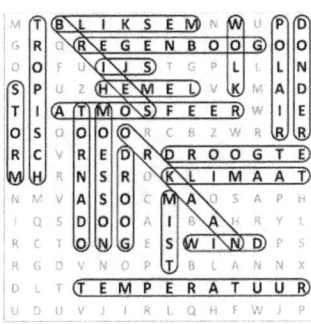

92 - Tecnologia

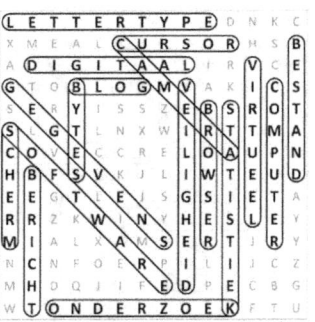

93 - Arte

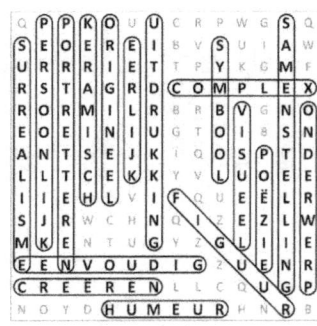

94 - Dinossauros

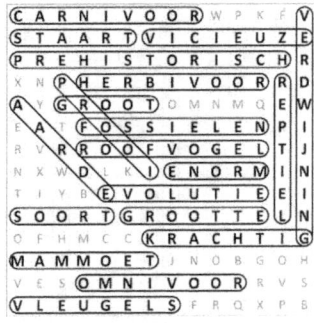

95 - Esportes

96 - Comida # 2

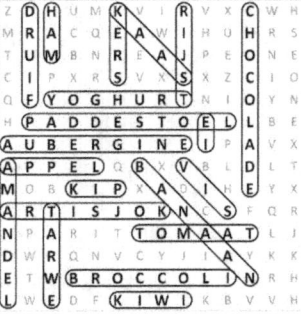

97 - Barcos

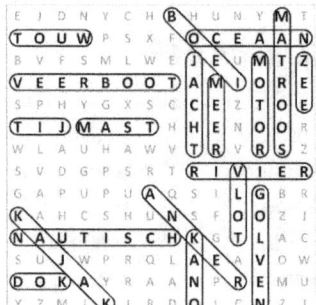

98 - Piratas

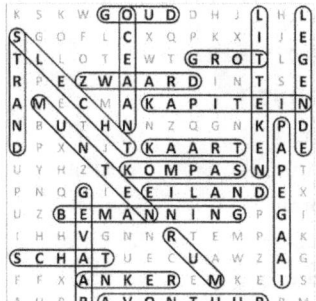

99 - Mamíferos

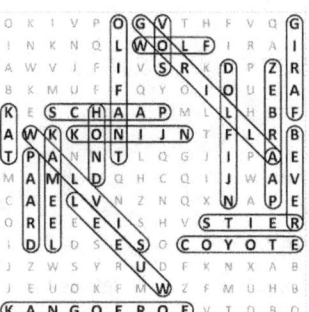

100 - Atividades e Lazer

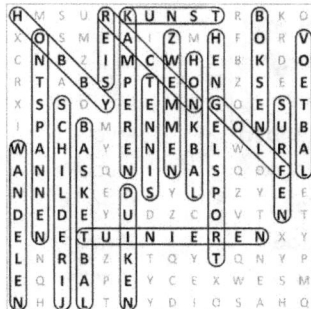

Dicionário

Abelhas
Bijen

Asas	Vleugels
Benéfico	Voordelig
Cera	Was
Colmeia	Bijenkorf
Diversidade	Diversiteit
Ecossistema	Ecosysteem
Enxame	Zwerm
Flor	Bloesem
Flores	Bloemen
Fruta	Fruit
Fumaça	Rook
Habitat	Habitat
Inseto	Insect
Jardim	Tuin
Mel	Honing
Plantas	Planten
Pólen	Stuifmeel
Rainha	Koningin
Sol	Zon

Acampamento
Camping

Animais	Dieren
Aventura	Avontuur
Árvores	Bomen
Bússola	Kompas
Cabine	Cabine
Caça	Jacht
Canoa	Kano
Chapéu	Hoed
Corda	Touw
Equipamento	Apparatuur
Floresta	Bos
Fogo	Brand
Inseto	Insect
Lago	Meer
Lua	Maan
Maca	Hangmat
Mapa	Kaart
Montanha	Berg
Natureza	Natuur
Tenda	Tent

Adjetivos #1
Bijvoeglijke Naamwoorden

Absoluto	Absoluut
Aromático	Aromatisch
Artístico	Artistiek
Atraente	Aantrekkelijk
Enorme	Enorm
Escuro	Donker
Exótico	Exotisch
Fino	Dun
Generoso	Gul
Grande	Groot
Honesto	Eerlijk
Idêntico	Identiek
Importante	Belangrijk
Lento	Langzaam
Misterioso	Mysterieus
Moderno	Modern
Perfeito	Perfect
Pesado	Zwaar
Sério	Ernstig
Valioso	Waardevol

Adjetivos #2
Bijvoeglijke Naamwoorden

Autêntico	Authentiek
Criativo	Creatief
Descritivo	Beschrijvend
Dotado	Begaafd
Elegante	Elegant
Famoso	Beroemd
Forte	Sterk
Grosso	Dik
Interessante	Interessant
Natural	Natuurlijk
Normal	Normaal
Novo	Nieuw
Orgulhoso	Trots
Produtivo	Productief
Puro	Zuiver
Quente	Heet
Salgado	Zout
Saudável	Gezond
Seco	Droog
Selvagem	Wild

Animais de Estimação
Huisdieren

Água	Water
Cabra	Geit
Cachorro	Puppy
Cauda	Staart
Cão	Hond
Coelho	Konijn
Colarinho	Kraag
Garras	Klauwen
Gatinho	Katje
Gato	Kat
Hamster	Hamster
Lagarto	Hagedis
Mouse	Muis
Papagaio	Papegaai
Peixe	Vis
Tartaruga	Schildpad
Vaca	Koe
Veterinário	Dierenarts

Aniversário
Verjaardag

Alegre	Blij
Amigos	Vrienden
Ano	Jaar
Aprender	Leren
Bolo	Cake
Calendário	Kalender
Canção	Lied
Cartões	Kaarten
Celebração	Viering
Convites	Uitnodigingen
Dia	Dag
Dom	Geschenk
Especial	Speciaal
Feliz	Gelukkig
Jovem	Jong
Nascer	Geboren
Sabedoria	Wijsheid
Tempo	Tijd
Velas	Kaarsen

Antártica
Antarctica

Ambiente	Omgeving
Água	Water
Baía	Baai
Baleias	Walvissen
Conservação	Behoud
Continente	Continent
Enseada	Inham
Expedição	Expeditie
Geleiras	Gletsjers
Gelo	Ijs
Geografia	Geografie
Ilhas	Eilanden
Investigador	Onderzoeker
Migração	Migratie
Minerais	Mineralen
Península	Schiereiland
Pinguins	Pinguïn
Rochoso	Rotsachtig
Temperatura	Temperatuur
Topografia	Topografie

Arte
Kunst

Cerâmica	Keramisch
Complexo	Complex
Composição	Samenstelling
Criar	Creëren
Escultura	Beeldhouwwerk
Expressão	Uitdrukking
Figura	Figuur
Honesto	Eerlijk
Humor	Humeur
Inspirado	Geïnspireerd
Original	Origineel
Pessoal	Persoonlijk
Pinturas	Schilderijen
Poesia	Poëzie
Retratar	Portretteren
Simples	Eenvoudig
Símbolo	Symbool
Sujeito	Onderwerp
Surrealismo	Surrealisme
Visual	Visueel

Artes Visuais
Beeldende Kunsten

Argila	Klei
Arquitetura	Architectuur
Artista	Artiest
Caneta	Pen
Cavalete	Ezel
Cera	Was
Cerâmica	Keramiek
Composição	Samenstelling
Criatividade	Creativiteit
Escultura	Beeldhouwwerk
Estêncil	Stencil
Filme	Film
Fotografia	Foto
Giz	Krijt
Lápis	Potlood
Obra-Prima	Meesterwerk
Perspectiva	Perspectief
Pintura	Schilderij
Retrato	Portret
Verniz	Vernis

Astronomia
Astronomie

Asteróide	Asteroïde
Astronauta	Astronaut
Astrônomo	Astronoom
Céu	Hemel
Constelação	Sterrenbeeld
Cosmos	Kosmos
Eclipse	Verduistering
Equinócio	Equinox
Foguete	Raket
Gravidade	Zwaartekracht
Lua	Maan
Meteoro	Meteoor
Nebulosa	Nevel
Observatório	Observatorium
Planeta	Planeet
Radiação	Straling
Solar	Zonne
Supernova	Supernova
Terra	Aarde
Universo	Universum

Atividades
Activiteiten

Arte	Kunst
Artesanato	Ambachten
Atividade	Activiteit
Caca	Jacht
Caminhada	Wandelen
Cerâmica	Keramiek
Fotografia	Fotografie
Habilidade	Vaardigheid
Interesses	Belangen
Jardinagem	Tuinieren
Jogos	Games
Lazer	Vrije Tijd
Lendo	Lezen
Magia	Magie
Pesca	Hengelsport
Pintura	Schilderij
Prazer	Plezier
Relaxamento	Ontspanning

Atividades e Lazer
Activiteiten en Vrije Ti

Acampamento	Kamperen
Arte	Kunst
Basquete	Basketbal
Beisebol	Honkbal
Boxe	Boksen
Caminhada	Wandelen
Corrida	Racen
Futebol	Voetbal
Golfe	Golf
Hobbies	Hobby
Jardinagem	Tuinieren
Mergulho	Duiken
Natação	Zwemmen
Pesca	Hengelsport
Pintura	Schilderij
Relaxante	Ontspannen
Surfe	Surfen
Tênis	Tennis
Viagem	Reis
Voleibol	Volleybal

Aventura
Avontuur

Alegria	Vreugde
Amigos	Vrienden
Atividade	Activiteit
Beleza	Schoonheid
Bravura	Moed
Chance	Kans
Desafios	Uitdagingen
Destino	Bestemming
Dificuldade	Moeilijkheid
Entusiasmo	Enthousiasme
Excursão	Excursie
Incomum	Ongewoon
Itinerário	Reisplan
Natureza	Natuur
Navegação	Navigatie
Novo	Nieuw
Perigoso	Gevaarlijk
Preparação	Voorbereiding
Segurança	Veiligheid
Surpreendente	Verrassend

Aviões
Vliegtuigen

Altura	Hoogte
Ar	Lucht
Aterrissagem	Landen
Atmosfera	Atmosfeer
Aventura	Avontuur
Balão	Ballon
Céu	Hemel
Combustível	Brandstof
Construção	Bouw
Descida	Afdaling
Direção	Richting
Hidrogênio	Waterstof
História	Geschiedenis
Inflar	Opblazen
Motor	Motor
Navegar	Navigeren
Passageiro	Passagier
Piloto	Piloot
Tripulação	Bemanning
Turbulência	Turbulentie

Água
Water

Canal	Kanaal
Chuva	Regen
Chuveiro	Douche
Evaporação	Verdamping
Furacão	Orkaan
Geada	Vorst
Gelo	Ijs
Geyser	Geiser
Inundação	Overstroming
Irrigação	Irrigatie
Lago	Meer
Monção	Moesson
Neve	Sneeuw
Oceano	Oceaan
Ondas	Golven
Potável	Drinkbaar
Rio	Rivier
Umidade	Vochtigheid
Vapor	Stoom

Balé
Ballet

Aplauso	Applaus
Artístico	Artistiek
Bailarina	Ballerina
Compositor	Componist
Coreografia	Choreografie
Dançarinos	Dansers
Ensaio	Repetitie
Estilo	Stijl
Expressivo	Expressief
Gesto	Gebaar
Gracioso	Sierlijk
Habilidade	Vaardigheid
Intensidade	Intensiteit
Música	Muziek
Orquestra	Orkest
Prática	Praktijk
Público	Publiek
Ritmo	Ritme
Solo	Solo
Técnica	Techniek

Banheiro
Badkamer

Água	Water
Banheiro	Wc
Banho	Bad
Bolhas	Bellen
Chuveiro	Douche
Espelho	Spiegel
Esponja	Spons
Loção	Lotion
Perfume	Parfum
Sabão	Zeep
Tapete	Tapijt
Tesoura	Schaar
Toalha	Handdoek
Torneira	Kraan
Vapor	Stoom
Xampu	Shampoo

Barcos
Boten

Âncora	Anker
Balsa	Veerboot
Bóia	Boei
Caiaque	Kajak
Canoa	Kano
Corda	Touw
Doca	Dok
Iate	Jacht
Jangada	Vlot
Lago	Meer
Mar	Zee
Maré	Tij
Marinheiro	Matroos
Mastro	Mast
Motor	Motor
Náutico	Nautisch
Oceano	Oceaan
Ondas	Golven
Rio	Rivier
Tripulação	Bemanning

Brinquedos
Speelgoed

Argila	Klei
Artesanato	Ambachten
Avião	Vliegtuig
Barco	Boot
Bateria	Drums
Bicicleta	Fiets
Bola	Bal
Boneca	Pop
Caminhão	Vrachtauto
Carro	Auto
Favorito	Favoriet
Imaginação	Verbeelding
Jogos	Games
Livros	Boeken
Pipa	Vlieger
Robô	Robot
Tintas	Verf
Xadrez	Schaak

Caminhada
Wandelen

Acampamento	Kamperen
Animais	Dieren
Água	Water
Botas	Laarzen
Cansado	Moe
Clima	Klimaat
Guias	Gidsen
Mapa	Kaart
Montanha	Berg
Natureza	Natuur
Orientação	Oriëntatie
Parques	Parken
Pedras	Stenen
Penhasco	Klif
Perigos	Gevaren
Pesado	Zwaar
Preparação	Voorbereiding
Selvagem	Wild
Sol	Zon
Tempo	Weer

Casa
Huis

Biblioteca	Bibliotheek
Cerca	Hek
Chaves	Sleutels
Chuveiro	Douche
Cortinas	Gordijnen
Cozinha	Keuken
Espelho	Spiegel
Garagem	Garage
Janela	Raam
Jardim	Tuin
Lareira	Haard
Mobiliário	Meubilair
Parede	Muur
Porta	Deur
Quarto	Kamer
Sótão	Zolder
Tapete	Tapijt
Teto	Plafond
Torneira	Kraan
Vassoura	Bezem

Castelos
Kastelen

Armadura	Harnas
Catapulta	Katapult
Cavaleiro	Ridder
Cavalo	Paard
Coroa	Kroon
Dinastia	Dynastie
Dragão	Draak
Escudo	Schild
Espada	Zwaard
Feudal	Feodaal
Fortaleza	Fort
Império	Rijk
Nobre	Edele
Palácio	Paleis
Parede	Muur
Princesa	Prinses
Príncipe	Prins
Reino	Koninkrijk
Torre	Toren
Unicórnio	Eenhoorn

Chocolate
Chocolade

Açúcar	Suiker
Amargo	Bitter
Amendoins	Pinda'S
Antioxidante	Antioxidant
Aroma	Aroma
Artesanal	Artisanaal
Cacau	Cacao
Calorias	Calorieën
Caramelo	Karamel
Coco	Kokosnoot
Comer	Eten
Delicioso	Heerlijk
Doce	Zoet
Exótico	Exotisch
Favorito	Favoriet
Gosto	Smaak
Ingrediente	Ingrediënt
Pó	Poeder
Qualidade	Kwaliteit
Receita	Recept

Churrascos
Barbecues

Almoço	Lunch
Convite	Uitnodiging
Crianças	Kinderen
Facas	Messen
Família	Familie
Fome	Honger
Frango	Kip
Fruta	Fruit
Grelha	Grill
Jantar	Diner
Jogos	Games
Legumes	Groente
Molho	Saus
Música	Muziek
Pimenta	Peper
Quente	Heet
Sal	Zout
Saladas	Salades
Tomates	Tomaten
Verão	Zomer

Cidade
Stad

Aeroporto	Luchthaven
Banco	Bank
Biblioteca	Bibliotheek
Cinema	Bioscoop
Escola	School
Estádio	Stadion
Farmácia	Apotheek
Florista	Bloemist
Galeria	Galerij
Hotel	Hotel
Jardim Zoológico	Dierentuin
Livraria	Boekhandel
Mercado	Markt
Museu	Museum
Padaria	Bakkerij
Restaurante	Restaurant
Salão	Salon
Supermercado	Supermarkt
Teatro	Theater
Universidade	Universiteit

Ciência
Wetenschap

Átomo	Atoom
Cientista	Wetenschapper
Clima	Klimaat
Dados	Gegevens
Evolução	Evolutie
Fato	Feit
Física	Natuurkunde
Fóssil	Fossiel
Gravidade	Zwaartekracht
Hipótese	Hypothese
Laboratório	Laboratorium
Método	Methode
Minerais	Mineralen
Moléculas	Moleculen
Natureza	Natuur
Observação	Observatie
Organismo	Organisme
Partículas	Deeltjes
Plantas	Planten
Químico	Chemisch

Circo
Circus

Acrobata	Acrobaat
Animais	Dieren
Balões	Ballonnen
Bilhete	Kaartje
Desfile	Parade
Doce	Snoep
Elefante	Olifant
Espectador	Toeschouwer
Espetacular	Spectaculair
Leão	Leeuw
Macaco	Aap
Magia	Magie
Malabarista	Jongleur
Mágico	Goochelaar
Música	Muziek
Palhaço	Clown
Tenda	Tent
Tigre	Tijger
Traje	Kostuum
Truque	Truc

Clima
Weersomstandigheden

Arco-Íris	Regenboog
Atmosfera	Atmosfeer
Brisa	Bries
Céu	Hemel
Clima	Klimaat
Furacão	Orkaan
Gelo	Ijs
Monção	Moesson
Nevoeiro	Mist
Nuvem	Wolk
Polar	Polair
Relâmpago	Bliksem
Seca	Droogte
Seco	Droog
Temperatura	Temperatuur
Tempestade	Storm
Tornado	Tornado
Tropical	Tropisch
Trovão	Donder
Vento	Wind

Comida # 2
Eten #2

Alcachofra	Artisjok
Amêndoa	Amandel
Arroz	Rijst
Banana	Banaan
Beringela	Aubergine
Brócolis	Broccoli
Cereja	Kers
Chocolate	Chocolade
Cogumelo	Paddestoel
Frango	Kip
Iogurte	Yoghurt
Kiwi	Kiwi
Maçã	Appel
Ovo	Ei
Peixe	Vis
Presunto	Ham
Queijo	Kaas
Tomate	Tomaat
Trigo	Tarwe
Uva	Druif

Comida #1
Eten #1

Açúcar	Suiker
Alho	Knoflook
Amendoim	Pinda
Atum	Tonijn
Bolo	Cake
Canela	Kaneel
Cebola	Ui
Cenoura	Wortel
Cevada	Gerst
Damasco	Abrikoos
Espinafre	Spinazie
Leite	Melk
Limão	Citroen
Manjericão	Basilicum
Morango	Aardbei
Nabo	Raap
Sal	Zout
Salada	Salade
Sopa	Soep
Suco	Sap

Conservação
Behoud

Ambiental	Milieu
Água	Water
Ciclo	Fiets
Clima	Klimaat
Ecossistema	Ecosysteem
Educação	Onderwijs
Habitat	Habitat
Natural	Natuurlijk
Orgânico	Organisch
Pesticida	Pesticide
Poluição	Vervuiling
Reciclar	Recycleren
Reduzir	Verminderen
Saúde	Gezondheid
Sustentável	Duurzaam
Verde	Groen
Voluntário	Vrijwilliger

Cores
Kleuren

Amarelo	Geel
Azul	Blauw
Bege	Beige
Branco	Wit
Ciano	Cyaan
Cinza	Grijs
Fuchsia	Fuchsia
Laranja	Oranje
Magenta	Magenta
Marrom	Bruin
Preto	Zwart
Rosa	Roze
Roxo	Paars
Sépia	Sepia
Verde	Groen
Vermelho	Rood

Corpo Humano
Menselijk Lichaam

Boca	Mond
Cabeça	Hoofd
Cérebro	Hersenen
Coração	Hart
Cotovelo	Elleboog
Dedo	Vinger
Joelho	Knie
Mandíbula	Kaak
Mão	Hand
Nariz	Neus
Olho	Oog
Ombro	Schouder
Orelha	Oor
Pele	Huid
Perna	Been
Pescoço	Nek
Queixo	Kin
Sangue	Bloed
Testa	Voorhoofd
Tornozelo	Enkel

Cozinha
Keuken

Avental	Schort
Chaleira	Ketel
Colheres	Lepels
Comer	Eten
Concha	Pollepel
Cups	Cup
Especiarias	Specerijen
Esponja	Spons
Facas	Messen
Forno	Oven
Freezer	Vriezer
Garfos	Vorken
Geladeira	Koelkast
Grelha	Grill
Guardanapo	Servet
Jar	Pot
Jarro	Kruik
Pauzinhos	Eetstokjes
Receita	Recept
Tigela	Kom

Dança
Dans

Academia	Academie
Alegre	Blij
Arte	Kunst
Clássico	Klassiek
Coreografia	Choreografie
Corpo	Lichaam
Cultura	Cultuur
Cultural	Cultureel
Emoção	Emotie
Ensaio	Repetitie
Expressivo	Expressief
Graça	Genade
Movimento	Beweging
Música	Muziek
Parceiro	Partner
Postura	Houding
Ritmo	Ritme
Saltar	Springen
Tradicional	Traditioneel
Visual	Visueel

Dias e Meses
Dagen en Maanden

Abril	April
Agosto	Augustus
Ano	Jaar
Calendário	Kalender
Dezembro	December
Domingo	Zondag
Fevereiro	Februari
Janeiro	Januari
Julho	Juli
Junho	Juni
Mês	Maand
Novembro	November
Outubro	Oktober
Quinta-Feira	Donderdag
Sábado	Zaterdag
Segunda-Feira	Maandag
Semana	Week
Setembro	September
Sexta-Feira	Vrijdag
Terça	Dinsdag

Dinossauros
Dinosaurussen

Asas	Vleugels
Carnívoro	Carnivoor
Cauda	Staart
Desaparecimento	Verdwijning
Enorme	Enorm
Espécies	Soort
Evolução	Evolutie
Fósseis	Fossielen
Grande	Groot
Herbívoro	Herbivoor
Mamute	Mammoet
Onívoro	Omnivoor
Poderoso	Krachtig
Presa	Prooi
Pré-Histórico	Prehistorisch
Raptor	Roofvogel
Réptil	Reptiel
Tamanho	Grootte
Terra	Aarde
Vicioso	Vicieuze

Dirigindo
Rijden

Acidente	Ongeluk
Caminhão	Vrachtauto
Carro	Auto
Combustível	Brandstof
Estrada	Weg
Freios	Remmen
Garagem	Garage
Gás	Gas
Licença	Licentie
Mapa	Kaart
Motocicleta	Motorfiets
Motor	Motor
Pedestre	Voetganger
Perigo	Gevaar
Polícia	Politie
Rua	Straat
Segurança	Veiligheid
Transporte	Vervoer
Tráfego	Verkeer
Túnel	Tunnel

Disciplinas Científicas
Wetenschappelijke Discip

Anatomia	Anatomie
Arqueologia	Archeologie
Astronomia	Astronomie
Biologia	Biologie
Bioquímica	Biochemie
Botânica	Plantkunde
Cinesiologia	Kinesiologie
Ecologia	Ecologie
Fisiologia	Fysiologie
Geologia	Geologie
Imunologia	Immunologie
Linguística	Taalkunde
Mecânica	Mechanica
Meteorologia	Meteorologie
Mineralogia	Mineralogie
Neurologia	Neurologie
Psicologia	Psychologie
Química	Chemie
Sociologia	Sociologie
Zoologia	Zoölogie

Ecologia
Ecologie

Clima	Klimaat
Diversidade	Diversiteit
Espécies	Soort
Fauna	Fauna
Flora	Flora
Global	Globaal
Habitat	Habitat
Marinho	Marinier
Montanhas	Bergen
Natural	Natuurlijk
Natureza	Natuur
Pântano	Moeras
Plantas	Planten
Seca	Droogte
Sobrevivência	Overleving
Sustentável	Duurzaam
Variedade	Variëteit
Vegetação	Vegetatie
Voluntários	Vrijwilligers

Edifícios
Gebouwen

Apartamento	Appartement
Castelo	Kasteel
Celeiro	Schuur
Cinema	Bioscoop
Embaixada	Ambassade
Escola	School
Estádio	Stadion
Fazenda	Boerderij
Fábrica	Fabriek
Garagem	Garage
Hospital	Ziekenhuis
Hotel	Hotel
Laboratório	Laboratorium
Museu	Museum
Observatório	Observatorium
Supermercado	Supermarkt
Teatro	Theater
Tenda	Tent
Torre	Toren
Universidade	Universiteit

Emoções
Emoties

Alegria	Vreugde
Amor	Liefde
Animado	Opgewonden
Calmo	Kalm
Conteúdo	Inhoud
Envergonhado	Beschaamd
Grato	Dankbaar
Medo	Angst
Paz	Vrede
Raiva	Woede
Relaxado	Ontspannen
Satisfeito	Tevreden
Simpatia	Sympathie
Ternura	Tederheid
Tédio	Verveling
Tranquilidade	Rust
Tristeza	Droefheid

Escalada
Klimmen

Altitude	Hoogte
Atmosfera	Atmosfeer
Botas	Laarzen
Caminhada	Wandelen
Capacete	Helm
Caverna	Grot
Desafios	Uitdagingen
Especialista	Deskundige
Estabilidade	Stabiliteit
Estreito	Smal
Físico	Fysiek
Força	Kracht
Guias	Gidsen
Luvas	Handschoenen
Mapa	Kaart
Terreno	Terrein

Escola # 2
School #2

Acadêmico	Academisch
Atividades	Activiteiten
Biblioteca	Bibliotheek
Calendário	Kalender
Ciência	Wetenschap
Computador	Computer
Dicionário	Woordenboek
Educação	Onderwijs
Gramática	Grammatica
Jogos	Games
Lápis	Potlood
Leitura	Lezen
Literatura	Literatuur
Livros	Boeken
Matemática	Wiskunde
Mochila	Rugzak
Papel	Papier
Professor	Leraar
Suprimentos	Benodigdheden
Tesoura	Schaar

Escola #1
School #1

Alfabeto	Alfabet
Almoço	Lunch
Amigos	Vrienden
Aprender	Leren
Biblioteca	Bibliotheek
Cadeira	Stoel
Canetas	Pennen
Exames	Examens
Lápis	Potlood
Livros	Boeken
Marcadores	Markeringen
Matemática	Wiskunde
Mesa	Bureau
Números	Cijfers
Papel	Papier
Pastas	Mappen
Professor	Leraar
Questionário	Quiz
Respostas	Antwoorden

Especiarias
Specerijen

Açafrão	Saffraan
Alcaçuz	Drop
Alho	Knoflook
Amargo	Bitter
Anis	Anijs
Azedo	Zuur
Baunilha	Vanille
Canela	Kaneel
Cardamomo	Kardemom
Caril	Kerrie
Cebola	Ui
Coentro	Koriander
Cominho	Komijn
Doce	Zoet
Funcho	Venkel
Gengibre	Gember
Noz-Moscada	Nootmuskaat
Pimenta	Peper
Sabor	Smaak
Sal	Zout

Esportes
Sport

Atleta	Atleet
Basquete	Basketbal
Beisebol	Honkbal
Bicicleta	Fiets
Campeonato	Kampioenschap
Equipe	Team
Estádio	Stadion
Ganhador	Winnaar
Ginásio	Gymnasium
Ginástica	Gymnastiek
Golfe	Golf
Hóquei	Hockey
Jogador	Speler
Jogo	Spel
Movimento	Beweging
Tênis	Tennis
Treinador	Trainer

Exploração
Exploratie

Animais	Dieren
Aprender	Leren
Atividade	Activiteit
Coragem	Moed
Culturas	Culturen
Descoberta	Ontdekking
Desconhecido	Onbekend
Determinação	Bepaling
Distante	Ver
Espaço	Ruimte
Exaustão	Uitputting
Excitação	Opwinding
Língua	Taal
Novo	Nieuw
Perigos	Gevaren
Selvagem	Wild
Terreno	Terrein
Viagem	Reis

Família
Familie

Antepassado	Voorouder
Avó	Grootmoeder
Avô	Opa
Criança	Kind
Crianças	Kinderen
Esposa	Vrouw
Filha	Dochter
Gêmeos	Tweeling
Infância	Jeugd
Irmã	Zus
Irmão	Broer
Marido	Man
Mãe	Moeder
Neto	Kleinzoon
Pai	Vader
Paterno	Vaderlijk
Sobrinha	Nicht
Sobrinho	Neef
Tia	Tante
Tio	Oom

Fazenda #1
Boerderij #1

Abelha	Bij
Agricultura	Landbouw
Arroz	Rijst
Água	Water
Bezerro	Kalf
Burro	Ezel
Cabra	Geit
Campo	Veld
Cavalo	Paard
Cão	Hond
Cerca	Hek
Corvo	Kraai
Feno	Hooi
Fertilizante	Mest
Frango	Kip
Gato	Kat
Mel	Honing
Porco	Varken
Rebanho	Kudde
Vaca	Koe

Fazenda #2
Boerderij #2

Agricultor	Boer
Animais	Dieren
Celeiro	Schuur
Cevada	Gerst
Colmeia	Bijenkorf
Cordeiro	Lam
Fruta	Fruit
Irrigação	Irrigatie
Leite	Melk
Lhama	Lama
Maduro	Rijp
Milho	Maïs
Ovelha	Schaap
Pastor	Herder
Pato	Eend
Pomar	Boomgaard
Prado	Weide
Trator	Tractor
Trigo	Tarwe
Vegetal	Groente

Ferramentas
Hulpmiddelen

Alicate	Tang
Cabo	Kabel
Cola	Lijm
Corda	Touw
Escada	Ladder
Faca	Mes
Grampeador	Nietmachine
Grampo	Nietje
Machado	Bijl
Martelo	Hamer
Navalha	Scheermes
Parafuso	Schroef
Pá	Schop
Roda	Wiel
Tesoura	Schaar
Tocha	Fakkel

Ferramentas de Cozinha
Gereedschap Voor het Kok

Chaleira	Ketel
Coador	Vergiet
Colher	Lepel
Espátula	Spatel
Espremedor	Sapcentrifuge
Faca	Mes
Fogão	Kachel
Forno	Oven
Garfo	Vork
Geladeira	Koelkast
Ralador	Rasp
Talheres	Bestek
Tampa	Deksel
Termômetro	Thermometer
Tesoura	Schaar
Torradeira	Broodrooster

Férias #2
Vakantie #2

Aeroporto	Luchthaven
Destino	Bestemming
Estrangeiro	Buitenlander
Feriado	Vakantie
Fotos	Foto'S
Hotel	Hotel
Ilha	Eiland
Lazer	Vrije Tijd
Mapa	Kaart
Mar	Zee
Montanhas	Bergen
Passaporte	Paspoort
Praia	Strand
Reservas	Reserveringen
Restaurante	Restaurant
Táxi	Taxi
Tenda	Tent
Transporte	Vervoer
Viagem	Reis
Visto	Visum

Ficção Científica
Meer Informatie

Atómico	Atoom
Cinema	Bioscoop
Distante	Ver
Distopia	Dystopie
Explosão	Explosie
Extremo	Extreem
Fantástico	Fantastisch
Fogo	Brand
Futurista	Futuristisch
Ilusão	Illusie
Imaginário	Denkbeeldig
Livros	Boeken
Misterioso	Mysterieus
Mundo	Wereld
Oráculo	Orakel
Planeta	Planeet
Realista	Realistisch
Robôs	Robots
Tecnologia	Technologie
Utopia	Utopie

Flores
Bloemen

Buquê	Boeket
Dente-De-Leão	Paardebloem
Gardênia	Gardenia
Girassol	Zonnebloem
Hibisco	Hibiscus
Jasmim	Jasmijn
Lavanda	Lavendel
Lilás	Lila
Lírio	Lelie
Magnólia	Magnolia
Margarida	Madeliefje
Narciso	Narcis
Orquídea	Orchidee
Papoula	Papaver
Peônia	Pioenroos
Pétala	Bloemblad
Plumeria	Plumeria
Rosa	Roos
Trevo	Klaver
Tulipa	Tulp

Floresta Tropical
Regenwoud

Anfíbios	Amfibieën
Botânico	Botanisch
Clima	Klimaat
Comunidade	Gemeenschap
Diversidade	Diversiteit
Espécies	Soort
Indígena	Inheems
Insetos	Insecten
Mamíferos	Zoogdieren
Musgo	Mos
Natureza	Natuur
Nuvens	Wolken
Pássaros	Vogels
Preservação	Behoud
Refúgio	Toevlucht
Respeito	Respect
Restauração	Restauratie
Selva	Jungle
Sobrevivência	Overleving
Valioso	Waardevol

Formas
Vormen

Arco	Boog
Canto	Hoek
Cilindro	Cilinder
Círculo	Cirkel
Cone	Kegel
Cubo	Kubus
Curva	Curve
Esfera	Bol
Hipérbole	Hyperbool
Lado	Kant
Linha	Lijn
Oval	Ovaal
Pirâmide	Piramide
Polígono	Veelhoek
Prisma	Prisma
Quadrado	Vierkant
Retângulo	Rechthoek
Triângulo	Driehoek

Frutas
Fruit

Abacate	Avocado
Abacaxi	Ananas
Amora	Braam
Baga	Bes
Banana	Banaan
Cereja	Kers
Coco	Kokosnoot
Damasco	Abrikoos
Figo	Vijg
Framboesa	Framboos
Kiwi	Kiwi
Laranja	Oranje
Limão	Citroen
Maçã	Appel
Mamão	Papaja
Manga	Mango
Nectarina	Nectarine
Pera	Peer
Pêssego	Perzik
Uva	Druif

Geografia
Geografie

Altitude	Hoogte
Atlas	Atlas
Cidade	Stad
Continente	Continent
Hemisfério	Halfrond
Ilha	Eiland
Latitude	Breedtegraad
Mapa	Kaart
Mar	Zee
Meridiano	Meridiaan
Montanha	Berg
Mundo	Wereld
Norte	Noorden
Oceano	Oceaan
Oeste	Westen
País	Land
Região	Regio
Rio	Rivier
Sul	Zuiden
Território	Grondgebied

Geologia
Geologie

Ácido	Zuur
Camada	Laag
Caverna	Grot
Cálcio	Calcium
Continente	Continent
Coral	Koraal
Cristais	Kristallen
Erosão	Erosie
Estalactite	Stalactiet
Estalagmites	Stalagmieten
Fóssil	Fossiel
Lava	Lava
Minerais	Mineralen
Pedra	Steen
Platô	Plateau
Quartzo	Kwarts
Sal	Zout
Terremoto	Aardbeving
Vulcão	Vulkaan
Zona	Zone

Herbalismo
Herbalisme

Açafrão	Saffraan
Alecrim	Rozemarijn
Alho	Knoflook
Aromático	Aromatisch
Benéfico	Voordelig
Coentro	Koriander
Estragão	Dragon
Flor	Bloem
Funcho	Venkel
Ingrediente	Ingrediënt
Jardim	Tuin
Lavanda	Lavendel
Manjericão	Basilicum
Manjerona	Marjolein
Planta	Plant
Qualidade	Kwaliteit
Sabor	Smaak
Salsa	Peterselie
Tomilho	Tijm
Verde	Groen

Insetos
Insecten

Abelha	Bij
Barata	Kakkerlak
Besouro	Kever
Borboleta	Vlinder
Cigarra	Cicade
Cupim	Termiet
Formiga	Mier
Gafanhoto	Sprinkhaan
Larva	Larve
Libélula	Libel
Louva-A-Deus	Bidsprinkhaan
Mariposa	Mot
Minhoca	Worm
Mosquito	Mug
Pulga	Vlo
Pulgão	Bladluis
Vespa	Wesp

Instrumentos Musicais
Muziekinstrumenten

Bandolim	Mandoline
Banjo	Banjo
Clarinete	Klarinet
Fagote	Fagot
Flauta	Fluit
Gaita	Mondharmonica
Gongo	Gong
Harpa	Harp
Marimba	Marimba
Oboé	Hobo
Pandeiro	Tamboerijn
Percussão	Percussie
Piano	Piano
Saxofone	Saxofoon
Tambor	Trommel
Trombone	Trombone
Trompete	Trompet
Violão	Gitaar
Violino	Viool
Violoncelo	Cello

Jardim
Tuin

Ancinho	Hark
Arbusto	Struik
Árvore	Boom
Banco	Bank
Cerca	Hek
Flor	Bloem
Garagem	Garage
Grama	Gras
Gramado	Gazon
Jardim	Tuin
Lagoa	Vijver
Maca	Hangmat
Mangueira	Slang
Pá	Schop
Pomar	Boomgaard
Solo	Bodem
Terraço	Terras
Trampolim	Trampoline
Varanda	Veranda
Videira	Wijnstok

Literatura
Literatuur

Analogia	Analogie
Análise	Analyse
Anedota	Anekdote
Autor	Auteur
Biografia	Biografie
Comparação	Vergelijking
Conclusão	Conclusie
Descrição	Omschrijving
Diálogo	Dialoog
Estilo	Stijl
Ficção	Fictie
Metáfora	Metafoor
Narrador	Verteller
Opinião	Mening
Poema	Gedicht
Rima	Rijm
Ritmo	Ritme
Romance	Roman
Tema	Thema
Tragédia	Tragedie

Livros
Boeken

Autor	Auteur
Aventura	Avontuur
Coleção	Collectie
Contexto	Context
Dualidade	Dualiteit
Escrito	Geschreven
Épico	Episch
História	Verhaal
Histórico	Historisch
Inventivo	Inventief
Leitor	Lezer
Literário	Literair
Narrador	Verteller
Página	Bladzijde
Poema	Gedicht
Poesia	Poëzie
Relevante	Relevant
Romance	Roman
Série	Serie
Trágico	Tragisch

Mamíferos
Zoogdieren

Baleia	Walvis
Camelo	Kameel
Canguru	Kangoeroe
Castor	Bever
Cavalo	Paard
Cão	Hond
Coelho	Konijn
Coiote	Coyote
Elefante	Olifant
Gato	Kat
Girafa	Giraf
Golfinho	Dolfijn
Gorila	Gorilla
Leão	Leeuw
Lobo	Wolf
Macaco	Aap
Ovelha	Schaap
Raposa	Vos
Touro	Stier
Zebra	Zebra

Matemática
Wiskunde

Aritmética	Rekenkundig
Ângulos	Hoeken
Circunferência	Omtrek
Decimal	Decimaal
Diâmetro	Diameter
Equação	Vergelijking
Expoente	Exponent
Fração	Fractie
Geometria	Geometrie
Números	Cijfers
Paralelo	Parallel
Perpendicular	Loodrecht
Polígono	Veelhoek
Quadrado	Vierkant
Raio	Straal
Retângulo	Rechthoek
Simetria	Symmetrie
Soma	Som
Triângulo	Driehoek
Volume	Volume

Material de Arte
Kunstbenodigdheden

Acrílico	Acryl
Apagador	Gom
Aquarelas	Aquarellen
Argila	Klei
Água	Water
Cadeira	Stoel
Carvão	Houtskool
Cavalete	Ezel
Câmera	Camera
Cola	Lijm
Cores	Kleuren
Criatividade	Creativiteit
Escovas	Borstels
Lápis	Potloden
Mesa	Tafel
Óleo	Olie
Papel	Papier
Pastels	Pastel
Tinta	Inkt
Tintas	Verf

Medições
Metingen

Altura	Hoogte
Byte	Byte
Centímetro	Centimeter
Comprimento	Lengte
Decimal	Decimaal
Grama	Gram
Grau	Graad
Largura	Breedte
Litro	Liter
Massa	Massa
Metro	Meter
Minuto	Minuut
Onça	Ons
Peso	Gewicht
Polegada	Inch
Profundidade	Diepte
Quilograma	Kilogram
Quilômetro	Kilometer
Tonelada	Ton
Volume	Volume

Meditação
Meditatie

Aceitação	Aanvaarding
Acordado	Wakker
Aprender	Leren
Atenção	Aandacht
Clareza	Helderheid
Compaixão	Mededogen
Emoções	Emoties
Ensinamentos	Onderwijs
Gratidão	Dankbaarheid
Mental	Mentaal
Mente	Geest
Movimento	Beweging
Música	Muziek
Natureza	Natuur
Observação	Observatie
Paz	Vrede
Pensamentos	Gedachten
Perspectiva	Perspectief
Postura	Houding
Silêncio	Stilte

Mitologia
Mythologie

Arquétipo	Archetype
Ciúmes	Jaloezie
Comportamento	Gedrag
Crenças	Overtuigingen
Criação	Creatie
Criatura	Wezen
Cultura	Cultuur
Desastre	Ramp
Força	Kracht
Guerreiro	Krijger
Heroína	Heldin
Herói	Held
Labirinto	Doolhof
Lenda	Legende
Mágico	Magisch
Monstro	Monster
Mortal	Sterfelijk
Relâmpago	Bliksem
Trovão	Donder
Vingança	Wraak

Móveis
Meubels

Almofada	Kussen
Almofadas	Kussens
Banco	Bank
Cadeira	Stoel
Cama	Bed
Colchão	Matras
Cortinas	Gordijnen
Cômoda	Dressoir
Espelho	Spiegel
Estante	Boekenkast
Futon	Futon
Maca	Hangmat
Mesa	Bureau
Poltrona	Fauteuil
Prateleiras	Planken
Tapete	Tapijt

Natureza
Natuur

Abelhas	Bijen
Abrigo	Schuilplaats
Animais	Dieren
Ártico	Arctisch
Beleza	Schoonheid
Deserto	Woestijn
Dinâmico	Dynamisch
Erosão	Erosie
Floresta	Bos
Folhagem	Gebladerte
Geleira	Gletsjer
Nevoeiro	Mist
Nuvens	Wolken
Pacífico	Rustig
Rio	Rivier
Santuário	Heiligdom
Selvagem	Wild
Sereno	Sereen
Tropical	Tropisch
Vital	Vitaal

Nutrição
Voeding

Amargo	Bitter
Apetite	Eetlust
Calorias	Calorieën
Carboidratos	Koolhydraten
Comestível	Eetbaar
Dieta	Dieet
Equilibrado	Evenwichtig
Fermentação	Fermentatie
Ingredientes	Ingrediënten
Líquidos	Vloeistoffen
Molho	Saus
Nutriente	Voedingsstof
Peso	Gewicht
Proteínas	Eiwitten
Qualidade	Kwaliteit
Sabor	Smaak
Saudável	Gezond
Saúde	Gezondheid
Toxina	Toxine
Vitamina	Vitamine

Números
Getallen

Cinco	Vijf
Decimal	Decimaal
Dez	Tien
Dezesseis	Zestien
Dezessete	Zeventien
Dezoito	Achttien
Dois	Twee
Doze	Twaalf
Nove	Negen
Oito	Acht
Quatorze	Veertien
Quatro	Vier
Quinze	Vijftien
Seis	Zes
Sete	Zeven
Treze	Dertien
Três	Drie
Um	Een
Vinte	Twintig
Zero	Nul

Oceano
Oceaan

Alga	Algen
Atum	Tonijn
Baleia	Walvis
Barco	Boot
Camarão	Garnaal
Caranguejo	Krab
Coral	Koraal
Enguia	Aal
Esponja	Spons
Golfinho	Dolfijn
Marés	Getijden
Medusa	Kwal
Ostra	Oester
Peixe	Vis
Polvo	Octopus
Recife	Rif
Sal	Zout
Tartaruga	Schildpad
Tempestade	Storm
Tubarão	Haai

Paisagens
Landschappen

Cascata	Waterval
Caverna	Grot
Colina	Heuvel
Deserto	Woestijn
Geleira	Gletsjer
Golfo	Golf
Iceberg	IJsberg
Ilha	Eiland
Lago	Meer
Mar	Zee
Montanha	Berg
Oásis	Oase
Oceano	Oceaan
Pântano	Moeras
Península	Schiereiland
Praia	Strand
Rio	Rivier
Tundra	Toendra
Vale	Vallei
Vulcão	Vulkaan

Países #2
Landen #2

Albânia	Albani
Dinamarca	Denemarken
França	Frankrijk
Grécia	Griekenland
Haiti	Haïti
Indonésia	Indonesië
Irlanda	Ierland
Jamaica	Jamaica
Japão	Japan
Laos	Laos
Líbano	Libanon
México	Mexico
Nepal	Nepal
Nigéria	Nigeria
Paquistão	Pakistan
Rússia	Rusland
Síria	Syrië
Somália	Somalië
Ucrânia	Oekraïne
Uganda	Oeganda

Pássaros
Vogels

Avestruz	Struisvogel
Águia	Adelaar
Cegonha	Ooievaar
Cisne	Zwaan
Corvo	Kraai
Cuco	Koekoek
Flamingo	Flamingo
Frango	Kip
Gaivota	Meeuw
Ganso	Gans
Garça	Reiger
Ovo	Ei
Papagaio	Papegaai
Pardal	Mus
Pato	Eend
Pavão	Pauw
Pelicano	Pelikaan
Pinguim	Pinguïn
Pombo	Duif
Tucano	Toekan

Pesca
Vissen

Água	Water
Barbatanas	Vinnen
Barco	Boot
Brânquias	Kieuwen
Cesta	Mand
Cozinhar	Kok
Equipamento	Apparatuur
Exagero	Overdrijving
Fio	Draad
Gancho	Haak
Isca	Aas
Lago	Meer
Mandíbula	Kaak
Oceano	Oceaan
Paciência	Geduld
Peso	Gewicht
Praia	Strand
Rio	Rivier
Temporada	Seizoen

Piratas
Piraten

Aventura	Avontuur
Âncora	Anker
Bússola	Kompas
Capitão	Kapitein
Caverna	Grot
Cicatriz	Litteken
Espada	Zwaard
Ilha	Eiland
Lenda	Legende
Mapa	Kaart
Mau	Slecht
Moedas	Munten
Oceano	Oceaan
Ouro	Goud
Papagaio	Papegaai
Perigo	Gevaar
Praia	Strand
Rum	Rum
Tesouro	Schat
Tripulação	Bemanning

Plantas
Installaties

Arbusto	Struik
Árvore	Boom
Baga	Bes
Bambu	Bamboe
Botânica	Plantkunde
Cacto	Cactus
Erva	Kruid
Feijão	Boon
Fertilizante	Mest
Flor	Bloem
Flora	Flora
Floresta	Bos
Folhagem	Gebladerte
Grama	Gras
Hera	Klimop
Jardim	Tuin
Musgo	Mos
Pétala	Bloemblad
Raiz	Wortel
Vegetação	Vegetatie

Praia
Strand

Areia	Zand
Azul	Blauw
Barco	Boot
Caranguejo	Krab
Costa	Kust
Doca	Dok
Guarda-Chuva	Paraplu
Ilha	Eiland
Lagoa	Lagune
Mar	Zee
Oceano	Oceaan
Recife	Rif
Sandálias	Sandalen
Sol	Zon
Toalha	Handdoek
Veleiro	Zeilboot

Preencher
Om in te Vullen

Bacia	Bekken
Balde	Emmer
Bandeja	Dienblad
Barril	Vat
Bolso	Zak
Caixa	Doos
Cesta	Mand
Envelope	Envelop
Garrafa	Fles
Gaveta	Lade
Jar	Pot
Mala	Koffer
Pacote	Pakje
Pasta	Map
Tubo	Buis
Vaso	Vaas

Profissões #1
Beroepen #1

Advogado	Advocaat
Artista	Artiest
Astrônomo	Astronoom
Banqueiro	Bankier
Bombeiro	Brandweerman
Caçador	Jager
Cartógrafo	Cartograaf
Cientista	Wetenschapper
Dançarino	Danser
Editor	Editor
Embaixador	Ambassadeur
Encanador	Loodgieter
Enfermeira	Verpleegster
Geólogo	Geoloog
Joalheiro	Juwelier
Marinheiro	Matroos
Músico	Muzikant
Pianista	Pianist
Psicólogo	Psycholoog
Veterinário	Dierenarts

Profissões #2
Beroepen #2

Agricultor	Boer
Astronauta	Astronaut
Biólogo	Bioloog
Cirurgião	Chirurg
Dentista	Tandarts
Detetive	Detective
Engenheiro	Ingenieur
Filósofo	Filosoof
Fotógrafo	Fotograaf
Ilustrador	Illustrator
Inventor	Uitvinder
Investigador	Onderzoeker
Jardineiro	Tuinman
Jornalista	Journalist
Linguista	Linguïst
Médico	Arts
Piloto	Piloot
Pintor	Schilder
Professor	Leraar
Zoólogo	Zoöloog

Restaurante # 2
Restaurant #2

Almoço	Lunch
Aperitivo	Voorgerecht
Água	Water
Bebida	Drank
Bolo	Cake
Cadeira	Stoel
Colher	Lepel
Delicioso	Heerlijk
Especiarias	Specerijen
Fruta	Fruit
Garçom	Ober
Garfo	Vork
Gelo	Ijs
Jantar	Diner
Legumes	Groente
Macarrão	Noedels
Peixe	Vis
Sal	Zout
Salada	Salade
Sopa	Soep

Restaurante #1
Restaurant #1

Alergia	Allergie
Café	Koffie
Caixa	Kassier
Carne	Vlees
Comer	Eten
Cozinha	Keuken
Faca	Mes
Frango	Kip
Garçonete	Serveerster
Guardanapo	Servet
Ingredientes	Ingrediënten
Menu	Menu
Molho	Saus
Pão	Brood
Picante	Pittig
Placa	Bord
Reserva	Reservering
Sobremesa	Toetje
Tigela	Kom

Roupas
Kleding

Avental	Schort
Blusa	Blouse
Calça	Broek
Camisa	Shirt
Casaco	Jas
Chapéu	Hoed
Cinto	Riem
Colar	Ketting
Jaqueta	Jasje
Jeans	Jeans
Luvas	Handschoenen
Meias	Sokken
Moda	Mode
Pijama	Pyjama
Pulseira	Armband
Saia	Rok
Sandálias	Sandalen
Sapato	Schoen
Suéter	Trui
Vestido	Jurk

Surf
Surfen

Atleta	Atleet
Campeão	Kampioen
Espuma	Schuim
Estilo	Stijl
Estômago	Maag
Extremo	Extreem
Força	Kracht
Multidões	Menigte
Oceano	Oceaan
Onda	Golf
Popular	Populair
Praia	Strand
Principiante	Beginner
Rapidez	Snelheid
Recife	Rif
Tempo	Weer

Tecnologia
Technologie

Arquivo	Bestand
Blog	Blog
Bytes	Bytes
Câmera	Camera
Computador	Computer
Cursor	Cursor
Dados	Gegevens
Digital	Digitaal
Estatísticas	Statistiek
Fonte	Lettertype
Internet	Internet
Mensagem	Bericht
Navegador	Browser
Pesquisa	Onderzoek
Segurança	Veiligheid
Software	Software
Tela	Scherm
Virtual	Virtueel
Vírus	Virus

Tempo
Tijd

Agora	Nu
Ano	Jaar
Antes	Voor
Anual	Jaarlijks
Calendário	Kalender
Década	Decennium
Dia	Dag
Futuro	Toekomst
Hoje	Vandaag
Hora	Uur
Manhã	Ochtend
Meio-Dia	Middag
Mês	Maand
Minuto	Minuut
Momento	Moment
Noite	Nacht
Ontem	Gisteren
Relógio	Klok
Semana	Week
Século	Eeuw

Tipos de Cabelo
Haartypes

Branco	Wit
Brilhante	Glimmend
Cachos	Krullen
Careca	Kaal
Cinza	Grijs
Colori	Gekleurd
Encaracolado	Krullend
Fino	Dun
Grosso	Dik
Loiro	Blond
Longo	Lang
Marrom	Bruin
Ondulado	Golvend
Prata	Zilver
Preto	Zwart
Saudável	Gezond
Seco	Droog
Suave	Zacht
Trançado	Gevlochten
Tranças	Vlechten

Vegetais
Groenten

Abóbora	Pompoen
Aipo	Selderij
Alcachofra	Artisjok
Alho	Knoflook
Batata	Aardappel
Beringela	Aubergine
Brócolis	Broccoli
Cebola	Ui
Cenoura	Wortel
Chalota	Sjalot
Cogumelo	Paddestoel
Ervilha	Erwt
Espinafre	Spinazie
Gengibre	Gember
Nabo	Raap
Pepino	Komkommer
Rabanete	Radijs
Salada	Salade
Salsa	Peterselie
Tomate	Tomaat

Veículos
Voertuigen

Ambulância	Ambulance
Avião	Vliegtuig
Balsa	Veerboot
Barco	Boot
Bicicleta	Fiets
Caminhão	Vrachtauto
Caravana	Caravan
Carro	Auto
Foguete	Raket
Helicóptero	Helikopter
Jangada	Vlot
Lambreta	Scooter
Metrô	Metro
Motor	Motor
Ônibus	Bus
Pneus	Banden
Submarino	Onderzeeër
Táxi	Taxi
Transporte	Shuttle
Trator	Tractor

Verão
Zomer

Acampamento	Kamperen
Alegria	Vreugde
Amigos	Vrienden
Casa	Huis
Estrelas	Sterren
Família	Familie
Jardim	Tuin
Jogos	Games
Lazer	Vrije Tijd
Livros	Boeken
Mar	Zee
Mergulho	Duiken
Música	Muziek
Praia	Strand
Relaxamento	Ontspanning
Sandálias	Sandalen
Viagem	Reis

Virtudes #1
1 Jaar Geleden

Apaixonado	Gepassioneerd
Artístico	Artistiek
Bom	Goed
Confiante	Zelfverzekerd
Curioso	Nieuwsgierig
Decisivo	Beslissend
Eficiente	Efficiënt
Encantador	Charmant
Engraçado	Grappig
Generoso	Gul
Independente	Onafhankelijk
Inteligente	Intelligent
Limpo	Schoon
Modesto	Bescheiden
Paciente	Patiënt
Prático	Praktisch
Sábio	Wijs
Útil	Behulpzaam

Xadrez
Schaken

Aprender	Leren
Branco	Wit
Campeão	Kampioen
Concurso	Wedstrijd
Desafios	Uitdagingen
Diagonal	Diagonaal
Estratégia	Strategie
Jogador	Speler
Jogo	Spel
Oponente	Tegenstander
Passivo	Passief
Pontos	Punten
Preto	Zwart
Rainha	Koningin
Regras	Reglement
Rei	Koning
Sacrifício	Offer
Tempo	Tijd
Torneio	Toernooi

Parabéns

Conseguiu!

Esperamos que tenha gostado tanto deste livro como nós gostamos de o desenhar. Esforçamo-nos por criar livros da mais alta qualidade possível.
Esta edição foi concebida para proporcionar uma aprendizagem inteligente, de qualidade e divertida!

Gostou deste livro?

Um simples pedido

Estes livros existem graças às críticas que publica.
Pode ajudar-nos, deixando agora uma revisão?

Aqui está um pequeno link para
a sua página de revisão:

BestBooksActivity.com/Avaliacoes50

DESAFIO FINAL!

Desafio n° 1

Está pronto para o seu jogo grátis? Usamo-los a toda a hora, mas não são tão fáceis de encontrar - aqui estão os **Sinônimos!**
Escreva 5 palavras que encontrou nos puzzles (n° 21, n° 36, n° 76) e tente encontrar 2 sinónimos para cada palavra.

Escreva 5 palavras de *Puzzle 21*

Palavras	Sinônimo 1	Sinônimo 2

Escreva 5 palavras de *Puzzle 36*

Palavras	Sinônimo 1	Sinônimo 2

Escreva 5 palavras de *Puzzle 76*

Palavras	Sinônimo 1	Sinônimo 2

Desafio n° 2

Agora que já aqueceu, escreva 5 palavras que encontrou nos Puzzles (n° 9, n° 17 e n° 25) e tente encontrar 2 antônimos para cada palavra. Quantos se podem encontrar em 20 minutos?

Escreva 5 palavras de **Puzzle 9**

Palavras	Antônimo 1	Antônimo 2

Escreva 5 palavras de **Puzzle 17**

Palavras	Antônimo 1	Antônimo 2

Escreva 5 palavras de **Puzzle 25**

Palavras	Antônimo 1	Antônimo 2

Desafio n° 3

Óptimo! Este desafio final não é nada para si.

Pronto para o desafio final? Escolha 10 palavras que tenha descoberto nos diferentes puzzles e escreva-as abaixo.

1.	6.
2.	7.
3.	8.
4.	9.
5.	10.

Agora escreva um texto a pensar numa pessoa, num animal ou num lugar de seu agrado.

Pode utilizar a última página deste livro como um rascunho.

A Sua Composição:

CADERNO DE NOTAS:

ATÉ BREVE!

A equipa Inteira

DESCUBRA JOGOS GRATUITOS

GO

↓

BESTACTIVITYBOOKS.COM/FREEGAMES

www.ingramcontent.com/pod-product-compliance
Lightning Source LLC
Chambersburg PA
CBHW082215120626
46553CB00010B/3148